A PRODUÇÃO DO MATERIAL DIDÁTICO PARA EaD

Dados Internacionais de Catalogação na Publicação (CIP)

B478p Bento, Dalvaci.

A produção do material didático para EaD / [Dalvaci Bento]. – São Paulo, SP : Cengage, 2017.
92 p. : il. 26 cm.

Inclui bibliografia.
ISBN 978-85-221-2693-4

1. Ensino a distância – Material didático. 2. Aprendizagem. 3. Tecnologia da informação. 4. Ambientes virtuais de aprendizagem. 5. Design instrucional. 6. Informática na educação. 7. Internet. I. Título.

CDU 37.018.43   CDD 371.35

Índice para catálogo sistemático:

1. Ensino a distância: Material didático   37.018.43

(Bibliotecária responsável: Sabrina Leal Araujo – CRB 10/1507)

A PRODUÇÃO DO MATERIAL DIDÁTICO PARA EaD

Dalvaci Bento

Austrália • Brasil • Japão • Coreia • México • Cingapura • Espanha • Reino Unido • Estados Unidos

A produção do material didático para EaD

Dalvaci Bento

Gerente editorial: Noelma Brocanelli

Editoras de desenvolvimento: Gisela Carnicelli, Regina Plascak e Salete Del Guerra

Coordenadora e editora de aquisições: Guacira Simonelli

Especialista em direitos autorais: Jenis Oh

Produção editorial: Fernanda Troeira Zuchini

Copidesque: Sirlene M. Sales

Revisão: Mayra Clara Albuquerque, Vania Ricarte Lucas e Nelson Barbosa

Diagramação: Marcelo A.Ventura e Alfredo Carracedo Castillo

Capa: BuonoDisegno

Imagem da capa: Macrovector/ Shutterstock

Imagens usadas neste livro por ordem de páginas:
Rido/Shutterstock; Creativa Images/ Shutterstock; Gazlast/Shutterstock; PathDoc/ Shutterstock; Sentavio/Shutterstock; Antonio Guillem/Shutterstock; PathDoc/ Shutterstock; GaudiLab/Shutterstock; mimagephotography/Shutterstock; Antonio Guillem/Shutterstock; Sky Designs/ Shutterstock; Goodluz/Shutterstock; Sandra Gligorijevic/Shutterstock; Syda Productions/ Shutterstock; Rawpixel/Shutterstock; MPFphotography/Shutterstock; NOBUHIRO ASADA/Shutterstock; VLADGRIN/ Shutterstock; hobbit/Shutterstock; Stuart Miles/Shutterstock; bikeriderlondon/ Shutterstock; Vgstockstudio/Shutterstock; Bacho/Shutterstock; Rawpixel/Shutterstock; Monkey Business Images/Shutterstock; Antonio Guillem/Shutterstock; Pressmaster/ Shutterstock; violetkaipa/Shutterstock; Rocketclips, Inc. /Shutterstock; racorn/ Shutterstock; PathDoc/Shutterstock

© 2018 Cengage Learning Edições Ltda.

Todos os direitos reservados. Nenhuma parte deste livro poderá ser reproduzida, sejam quais forem os meios empregados, sem a permissão por escrito da Editora. Aos infratores aplicam-se as sanções previstas nos artigos 102, 104, 106, 107 da Lei n. 9.610, de 19 de fevereiro de 1998.

Esta editora empenhou-se em contatar os responsáveis pelos direitos autorais de todas as imagens e de outros materiais utilizados neste livro. Se porventura for constatada a omissão involuntária na identificação de algum deles, dispomo-nos a efetuar, futuramente, os possíveis acertos.

Esta editora não se responsabiliza pelo funcionamento dos links contidos neste livro que possam estar suspensos.

> Para permissão de uso de material desta obra, envie seu pedido para
> **direitosautorais@cengage.com**

© 2018 Cengage Learning Edições Ltda.
Todos os direitos reservados.

ISBN 13: 978-85-221-2693-4
ISBN 10: 85-221-2693-3

Cengage Learning Edições Ltda.
Condomínio E-Business Park
Rua Werner Siemens, 111 - Prédio 11
Torre A - Conjunto 12
Lapa de Baixo - CEP 05069-900 - São Paulo - SP
Tel.: (11) 3665-9900   Fax: 3665-9901
SAC: 0800 11 19 39

Para suas soluções de curso e aprendizado, visite
www.cengage.com.br

Apresentação

Um conteúdo objetivo, conciso, didático e que atenda às expectativas de quem leva a vida em constante movimento: este parece ser o sonho de todo leitor que enxerga o estudo como fonte inesgotável de conhecimento.

Pensando na imensa necessidade de atender o desejo desse exigente leitor é que foi criado este produto voltado para os anseios de quem busca informação e conhecimento com o dinamismo dos dias atuais.

Em cada capítulo deste livro é possível encontrar a abordagem de temas de forma abrangente, associada a uma leitura agradável e organizada, visando facilitar o aprendizado dos conteúdos.

A linguagem dialógica aproxima o estudante dos temas explorados, promovendo a interação com o assunto tratado.

Ao longo do conteúdo, o leitor terá acesso a recursos inovadores, como os tópicos **Atenção!**, que o alerta para a importância do assunto abordado, e o **Para saber mais!**, que apresenta dicas interessantíssimas de leitura complementar e curiosidades bem bacanas, para aprofundar a apreensão do assunto, além de recursos ilustrativos, que permitem a associação de cada ponto a ser estudado. O livro possui termos-chave e glossário para expandir o vocabulário do leitor.

Esperamos que você encontre neste livro a materialização de um desejo: o alcance do conhecimento de maneira objetiva, concisa, didática e eficaz.

Boa leitura!

Prefácio

A educação a distância (EaD) é, sem dúvida, a forma mais democrática de ensino. Ela atravessa as barreiras da distância e do tempo e, com a tecnologia a seu favor, aproxima aluno e professor em prol da disseminação do conhecimento e da aprendizagem.

Diversas são as vantagens do ensino a distância. Entre tantas, a possibilidade de diversificar os temas, as disciplinas e os assuntos é um dos principais benefícios.

Engana-se quem imagina que a ausência de um professor no mesmo ambiente físico em que se encontra o aluno inviabiliza a transmissão de um ensino de qualidade. Para tanto, a preocupação com a elaboração e a organização do material que acompanhará a aprendizagem a distância precisa estar no cerne das atenções.

A produção do material didático é o assunto abordado ao longo dos quatro capítulos a seguir.

No Capítulo 1, o leitor aprenderá os conceitos basilares do material didático para EaD, os seus elementos norteadores e estruturais, a importância da escrita dialógica e os potenciais leitores desse tipo de material.

Avançando no Capítulo 2, serão abordados os formatos de cursos a distância, a aplicação de estratégias pedagógicas e tecnológicas, o uso da tecnologia da informação e da comunicação no EaD, e os ambientes virtuais de aprendizagem, como fóruns, chats, wikis, entre outros.

A partir do Capítulo 3, o tema é aprofundado, ocasião em que serão debatidas as questões concernentes ao design instrucional do curso a distância. Temas como modelos de design, layout, recursos de design, seleção dos conteúdos, entre outros, são trazidos para o campo da nossa aprendizagem.

Por fim, no Capítulo 4, entra no cenário dos debates a internet no contexto da educação a distância.

A EaD é uma realidade que precisa ser fomentada, sem que sejam esquecidos importantes preceitos. O compromisso com a qualidade é um deles.

Boa leitura!

Sumário

CAPÍTULO 1 – O material didático para o processo ensino-aprendizagem a distância

1. Introdução, 12

2. Material didático para a EaD: o que é e como se constitui, 13

3. Elementos estruturais do material didático, 21

4. A escrita dialógica como necessária à produção do material didático, 24

5. Aprendizes da EaD: potenciais leitores e usuários do material didático, 26

Glossário, 30

CAPÍTULO 2 – Formatos de cursos a distância e estratégias pedagógicas

1. Introdução, 32

2. Formatos de cursos a distância, 32

3. Aplicação de estratégias pedagógicas e tecnológicas, 33

4. As atividades de aprendizagem em cursos a distância, 34

5. Atividades de aprendizagem propostas no material didático da EaD, 36

6. O uso de tecnologias da informação e da comunicação no processo ensino-aprendizagem a distância, 39

7. Os ambientes virtuais de aprendizagem (AVA), 40

Glossário, 50

CAPÍTULO 3 – O design instrucional de um curso a distância

1. Introdução, 52

2. Design instrucional: conceituação, origem e fases, 52

3. Modelos de design instrucional utilizados na EaD, 56

4. O papel do designer instrucional na elaboração de cursos a distância, 58

5. Os recursos de design, 60

6. O mapa de atividades, 60

7. O *storyboard*, 62

8. Prática do design instrucional: o planejamento de um curso a distância, 64

Glossário, 70

CAPÍTULO 4 – O uso da internet na EaD

1. Introdução, 72

2. A internet e a educação a distância on-line, 72

3. O que caracteriza a educação a distância via internet?, 73

4. O hipertexto nos cursos a distância, 75

5. A internet e os novos espaços de aprendizagem, 77

6. A educação a distância e os direitos autorais, 86

Glossário, 88

Referências bibliográficas, 89

CAPÍTULO 1
O MATERIAL DIDÁTICO PARA O PROCESSO ENSINO-APRENDIZAGEM A DISTÂNCIA

1. Introdução, 12

2. Material didático para a EaD: o que é e como se constitui, 13

3. Elementos estruturais do material didático, 21

4. A escrita dialógica como necessária à produção do material didático, 24

5. Aprendizes da EaD: potenciais leitores e usuários do material didático, 26

Glossário, 30

1. Introdução

Nos últimos anos, a Educação a Distância (EaD) no Brasil tem se desenvolvido numa rapidez impressionante, levando as instituições que a oferecem a se organizarem no que diz respeito tanto à infraestrutura tecnológica quanto aos recursos humanos. Essa modalidade de ensino apresenta conotações diferentes do ensino presencial – formato de ensino no qual a maioria daqueles que trabalham com a EaD foi formada.

Sendo assim, uma das grandes preocupações das instituições que utilizam a EaD é o material didático a ser produzido para os cursos, considerando que as orientações (ou explicações) que na modalidade presencial seriam dadas pelo professor, na modalidade a distância, é o material didático que vai dar conta. E, aí, vemos que a responsabilidade do profissional que produz o material didático é imensa, pois ele necessita considerar que o objetivo principal de tal material é contribuir para a aprendizagem dos alunos.

A elaboração de material didático para a EaD, que favoreça a aprendizagem dos alunos, exige um compromisso e responsabilidade de quem o produz. Se assim não for, o aluno terá prejuízos. Consequentemente, isso vai refletir na instituição que está ofertando os cursos. É fundamental ter em mente que, independentemente do suporte em que se encontra, o material didático deve se voltar para a verdade, para o respeito à cultura, ser marcado pela ética e, acima de tudo, não incitar qualquer tipo de segregação ou preconceito.

É bom lembrar também que convivemos com uma diversidade de tecnologias da informação e da comunicação (TIC), as quais possibilitam que o material didático possa ser disposto em diferentes suportes, sejam impressos, audiovisuais ou ambientes virtuais de aprendizagem (AVA).

A seguir, serão apresentadas algumas definições sobre o referido material didático, bem como estudos sobre os parâmetros que norteiam a produção do material para a EaD, a fim de promover a compreensão do seu processo de organização e relevância de sua produção, principalmente, para o aluno.

2. Material didático para a EaD: o que é e como se constitui

Inicialmente, é importante enfatizar que muitos fatores contribuem para o sucesso de um curso a distância e a produção de material didático de qualidade é um dos principais. Porém, ressaltamos que essa ação se constitui como um dos elementos que exigem muita atenção por parte das instituições que estão ofertando cursos nessa modalidade de educação, pela própria complexidade que lhe é inerente.

Muitos elementos estão ligados ao material didático: os alunos, os tutores, a gestão pedagógica e administrativa do curso, entre outros. Por isso, a atenção à elaboração do texto didático do referido material deve começar pela coerência dos objetivos propostos, a coerência conceitual, a dinamização na organização do texto e das atividades propostas. As redundâncias devem ser evitadas, dando espaço à clareza, à criatividade, à criticidade e à problematização.

É necessário compreender como o material didático da EaD é concebido. Bandeira (2009), por exemplo, concebe o material didático de forma ampla, como recurso pedagógico e, de forma específica, como um material educacional instrucional com fim didático.

O material didático da EaD pode ser classificado a partir das especificidades das diferentes mídias nas quais podem ser utilizados: impresso, audiovisual e eletrônico (para ambientes virtuais de aprendizagem).

Desses três tipos de materiais, o impresso ainda é o mais utilizado pelas instituições de ensino que ofertam cursos a distância, apesar do surgimento de novas TIC (Tecnologias da Informação e Comunicação) que favorecem outras formas de oferta, como os AVA (**Ambiente Virtual de Aprendizagem**). Um dos motivos principais para que essa situação ocorra é o fato de que, em muitas localidades do Brasil, estudantes da EaD enfrentam problemas de acesso à internet ou, quando esse acesso é possível, ele se dá de forma precária, com baixa qualidade. Nesse caso, ações simples, porém necessárias em um curso a distância, como fazer ***download*** de um arquivo ou até mesmo enviá-lo, muitas vezes, não é possível de serem realizadas por causa da má qualidade da conexão. Porém, o material didático impresso – dependendo das condições das instituições de ensino – pode ser utilizado de forma conjugada com diferentes mídias, tais como vídeos, AVA, entre outros.

O material didático audiovisual contempla todo e qualquer recurso tecnológico que aglutina ações relacionadas ao ouvir e ver. São exemplos desse tipo de material os vídeos e as **videoconferências**. Esse é um tipo de material didático de produção mais complexa, pois exige mais profissionais com conhecimentos específicos, como a produção de roteiro, a gravação em vídeo, a edição, entre outros. Ou seja, a produção não é responsabilidade somente de um professor conteudista. Normalmente, o material didático audiovisual na EaD é utilizado como complementar aos materiais impressos e aos eletrônicos.

Já o material didático eletrônico, aquele que é produzido para AVA, vem ganhando destaque nos últimos anos. Moreira (2004) aponta que a principal característica desse tipo de material é a possibilidade de **digitalização** de diferentes tipos de informações, que torna possível tratar e armazenar, de forma interativa em um mesmo suporte, textos, recursos sonoros e imagens (estáticas e em movimento).

Chamamos a atenção para a importância da digitalização no sentido de que ela também permite o apoio de diversos meios que antes eram vistos como sistemas incompatíveis como: computador, rádio, televisão e telefone.

Não podemos deixar de destacar que a utilização de material didático em diferentes suportes, e de forma conjugada, tem sido a marca de muitas instituições de ensino. Mesmo assim, é mais frequente o uso, pelo aluno, do material impresso, o que demonstra ser uma consequência dos anos de escolaridade habituados ao impresso.

Moreira (2004) comenta que o material didático diz respeito a todo recurso tecnológico que articula determinadas mensagens com propósitos instrutivos. Essa definição realça algumas características do material didático. Por exemplo, ele é um recurso tecnológico; o material comporta mensagens que comunicam informações; e o material didático se diferencia dos demais meios de comunicação porque é construído com propósitos educativos, de forma a desenvolver algum processo de aprendizagem numa situação educativa específica.

A pergunta que se faz é: quais as funções do material didático da EaD? Indispensável ao processo ensino-aprendizagem da EaD, o material didático é de grande relevância, pois dele depende, em grande parte, a aprendizagem dos alunos. A ele são atribuídas algumas funções. Algumas merecem destaque, conforme definições dadas por Preti (2010), a saber:

a) o material didático contribui para desenvolver habilidades, competências e atitudes dos alunos;

b) ele se propõe a prever dúvidas, equívocos e erros;

c) apresenta aos alunos os novos conhecimentos a partir dos anteriores;

d) busca estabelecer a relação teoria-prática;

e) favorece o desenvolvimento do estudo autônomo;

f) apresenta novas fontes de informações;

g) possibilita conexão com outros meios didáticos;

h) favorece a compreensão do conteúdo estudado por meio de exemplos variados de aplicação do conhecimento;

i) apresenta problemas, analogias e questões;

j) propõe diferentes atividades de aprendizagem e de autoavaliação;

k) favorece a realização de avaliação da aprendizagem;

l) trata-se de um material de consulta; entre outras finalidades e vantagens.

Como se pode perceber, são várias as funções do material didático e o produtor de conteúdo precisa conhecê-las antes de começar a elaborar o referido material. Desse conhecimento vai depender o tratamento pedagógico dado aos conteúdos. Porém, esse tratamento se apresenta, muitas vezes, como um dos sérios problemas encontrados na produção de material didático para a EaD, ou seja, muitos conteúdos se apresentam distantes do contexto do aluno. Quando isso acontece, o aluno tem dificuldade de enxergar o sentido que os conteúdos farão para a sua vida e, por isso, não ocorre a **aprendizagem significativa**.

Outro elemento importante que necessita ser levado em conta no momento da produção do material didático para a EaD é o suporte midiático em que será veiculado tal material.

Afinal de contas, em quais suportes midiáticos é possível organizar o material didático de um curso a distância? A escolha do suporte vai depender do tipo do material. Por exemplo, o material impresso pode ser organizado por meio de um dos seguintes suportes: apostilas, fascículos, cadernos, livros, guias e roteiros de estudos, entre outros. Porém, se o material for digital, ele será publicado na internet, mais especificamente em AVA. É fundamental considerar a forma como tais ambientes estão organizados, quais ferramentas tecnológicas dispõem para fazer a distribuição do conteúdo e das atividades, bem como verificar a melhor forma de dinamizá-lo para que favoreça a aprendizagem dos alunos.

O produtor do material didático deve questionar os recursos tecnológicos utilizados para explorar o conteúdo de forma que eles não sejam subutilizados. Quanto mais dinâmica for a forma de utilização dos recursos tecnológicos empregados na EaD, mais ela contribuirá para que os alunos compreendam o conteúdo temático abordado. Essa dinamicidade vai se refletir na interação que se espera do aluno. Além disso, a definição de como serão organizadas as atividades de aprendizagem, os procedimentos de avaliação a serem adotados para o curso e a forma como irá motivar os alunos nos ambientes de aprendizagem, entre outros, são ações a serem definidas pelo autor do material didático, antes mesmo de realizar a produção.

Porém, qual deve ser o objetivo principal do material didático?

A resposta mais razoável é contribuir para a aprendizagem dos alunos. Fiorentini (2003) chama a atenção para o fato de que há dois enfoques a serem considerados: o de aprendizagem superficial (que precisa ser superado) e outro de aprendizagem profunda. No primeiro enfoque, a ênfase está na memorização das informações contidas no texto e nos procedimentos de avaliação e, praticamente, não se detém na reflexão sobre conceitos e fatos. O segundo enfoque diz respeito à intenção de compreender um tema abordado, em que procura estabelecer relações entre o conhecimento novo e o conhecimento anterior que o aluno dispõe, relaciona os conceitos abordados às suas experiências de vida, tudo em prol da construção do conhecimento do aluno.

Há alguns aspectos que favorecem a aprendizagem – que a autora considera significativa – e que devem ser considerados pelo autor de material didático da EaD: a) aumentar o envolvimento do aluno com o processo de aprender, que se amplia com sua responsabilidade para aprender sobre o tema proposto; b) disponibilizar para o aluno atividades que contribuam para a construção do seu conhecimento; e c) possibilitar que os alunos interajam uns com os outros, discutindo o tema proposto e contribuindo para a sua compreensão.

Toda essa dinâmica para fazer que os alunos da EaD aprendam será desencadeada pelo material didático. É verdade que o professor/tutor pode auxiliar o aluno no processo de aprendizagem no sentido de tirar suas dúvidas, de orientar as atividades (quando necessário), de avaliar as atividades e fazer considerações a respeito delas para os alunos. Tudo isso está relacionado com o que é proposto no material didático. Sendo assim, ele precisa estar organizado de modo que possibilite a aprendizagem dos temas propostos para estudo, pois, do contrário, não possibilitará a construção do conhecimento dos alunos.

PARA SABER MAIS! Para aprofundamento da discussão, leia o texto "Reflexões teóricas acerca da produção de material didático para a Educação a Distância". Disponível em: <http://esud2014.nute.ufsc.br/anais-esud2014/files/pdf/126816. pdf>. Acesso: 10 de ago. 2015.

Parâmetros norteadores do material didático

A produção de material didático para a EaD se constitui numa tarefa bastante complexa que demanda que o produtor do conteúdo leve em consideração alguns elementos fundamentais que nortearão todo o processo. Vejamos algumas propostas que podem nortear o processo de produção de material didático para a EaD.

Em 2007, o Ministério da Educação publicou os Referenciais de Qualidade para a Educação Superior a Distância, que é um documento que trata dos princípios, diretrizes e critérios para a educação superior a distância no Brasil. A partir desses Referenciais, Possolli e Cury (2009) elegeram quatro critérios que consideram fundamentais que as instituições levem em conta ao produzir seus materiais: uma equipe multidisciplinar, a comunicação/interação entre os agentes, os recursos educacionais e a infraestrutura de apoio.

Quanto à equipe, sua composição se dá por profissionais de diferentes áreas, tais como especialistas em tecnologia educacional e informática, profissionais da área de gestão e o conteudista, a fim de que o material possa ser produzido, disponibilizado e bem utilizado pelos alunos. Moreira (2008) também comenta que a organização de uma equipe de produção do material didático para a EaD pode variar dependendo da complexidade do projeto. Há instituições que já possuem, em seu quadro, uma equipe de produção, porém, também há profissionais contratados para atender a demanda. Para organizar uma equipe de produção dessa natureza, é necessário considerar a linguagem das mídias e as tecnologias que serão utilizadas como suporte do material didático, mas também a formação acadêmica dos envolvidos na produção, as estratégias de gestão da equipe, entre outros.

O segundo critério diz respeito à comunicação/interação. Esse critério é definidor para o bom desenvolvimento dos cursos. No caso dos cursos ofertados em ambientes virtuais de aprendizagem, há ferramentas disponíveis nesses ambientes que possibilitam a comunicação/interação, tais como e-mail, *chat* e fórum. Por isso, o conteudista necessita conhecer como funcionam tais ferramentas para poder considerar todas as possibilidades de comunicação/interação que elas contemplam no momento da elaboração do material didático.

Já o terceiro critério diz respeito aos recursos educacionais considerados imprescindíveis quando se pensa em produção de material didático para EaD, pois quanto mais disponíveis em diferentes mídias, mais atendem às especificidades dos mais variados perfis de alunos da EaD. Por exemplo, o material didático de um curso a distância pode estar disponível em um AVA, mas também ser organizado no formato impresso ou, ainda, ser distribuído em um *tablet* ou *pen drive*. Chamamos a atenção para o fato de que ao ser disponibilizado em diversas mídias, o material didático deve estar adequado à linguagem de cada mídia.

O quarto critério apontado pelos autores se refere à infraestrutura de apoio, definida e disponível na instituição para que o material possa ser produzido em consonância com a mídia (ou mídias) a ser utilizada no curso. Por exemplo, se o curso for ofertado em ambiente virtual, é necessário que a instituição de ensino disponha de infraestrutura tecnológica para hospedar o curso em uma plataforma on-line. Caso o material didático seja disponibilizado em *tablet* ou *pen drive*, é preciso que a instituição disponha de tais recursos tecnológicos. Ou se for organizado e distribuído em livro, caderno, apostilas ou guia do material didático, são necessários equipamentos tecnológicos que deem conta da demanda.

Portanto, como deve agir o conteudista para começar a produzir o material didático?

O início da produção é um momento decisivo e pode definir a qualidade do material. Para começar a fazer o planejamento da produção do material didático, é necessário que o produtor de conteúdo tenha clareza de qual teoria da aprendizagem ou paradigma predominante irá fundamentar o material didático. Qualquer curso que prima pela boa qualidade necessita deixar evidente a teoria de aprendizagem que o norteará. Ao mesmo tempo, procura obter informações a respeito do perfil do público a que se destina o curso e quais são suas experiências com a EaD. Busca, ainda, identificar quais são seus conhecimentos em informática. Esse dado é importante, considerando que, com a internet, os cursos a distância, em sua maioria, são ofertados em AVA, e nem sempre todos os alunos dispõem de conhecimentos básicos necessários para navegar pelo curso sem problemas.

Essas informações são relevantes porque contribuem para que o material didático esteja em consonância com o contexto de vida de seus alunos, mas também para que as instituições de ensino que ofertam cursos a distância identifiquem possíveis problemas antes do início do curso. Chamamos a sua atenção para essa questão porque, embora o material didático dos cursos a distância seja definitivamente indispensável ao processo ensino-aprendizagem, outros fatores podem interferir na aprendizagem dos alunos, mesmo que o material didático seja de excelente qualidade.

Fernandez (2008) comenta que a preparação de material didático para a EaD pode ocorrer por diferentes métodos, porém, dentre suas várias características que podem ser examinadas, a autora destaca três: a concepção de educação que configura o material, os critérios de validação em que se baseia o material e o modelo de comunicação em que se apoia a abordagem do conteúdo do material. Assim, se a postura do conteudista é pela defesa de que a educação é a mera transmissão de informação, ele produzirá material cheio de informações e comentários, quase sem espaço para reflexão. Todavia, se considerar que o conhecimento deve ser construído pelo aluno, ele produzirá um material numa linguagem dialógica, aberta a diferentes interpretações e que possibilite ao aluno, a partir de suas experiências de vida, atribuir significado.

Em relação aos critérios de validação do material, quando a abordagem do conteúdo do material prioriza uma visão de educação que realça o ensino, ele parte de questões mais simples para as mais complexas. No entanto, quando o conteudista direciona seu foco para a aprendizagem, o material didático dará ênfase ao conteúdo a partir do contexto do aluno – que nem sempre são os conteúdos mais simples. Como podemos ver, as escolhas feitas inicialmente pelo produtor de conteúdo da EaD vão se refletir na elaboração e organização do material didático, pois devem ser feitas com muito cuidado.

Quanto à comunicação, se esta for tida como transmissão de informação, a abordagem do conteúdo do material será feita de forma linear ou unidirecional, que resulta na decodificação dessas informações pelo aluno. Porém, se a comunicação for vista como diálogo, no conteúdo do material transparecerão ideias do leitor, resultando numa interação entre o conteudista e seu interlocutor – o aluno.

A definição de uma abordagem pedagógica em que o principal objetivo seja o desenvolvimento da capacidade reflexiva do aluno é essencial para que o material didático seja de boa qualidade, pois isso resulta na integração do conhecimento teórico e prático com o seu contexto. É preciso que a forma como esteja organizado o material didático favoreça a **mediação pedagógica**, pois disso resulta a construção do conhecimento do aluno. A forma tradicional como vêm sendo produzidos muitos materiais didáticos dificulta o processo de interação dos alunos. Isso ocorre em cursos cuja preocupação é somente com o grande volume de informações (FRANCO, 2007).

Os mesmos princípios que norteiam o material didático impresso guarnecem também o material didático digital da EaD. Porém, eles divergem na forma como são organizados e disponibilizados para os alunos. Os cursos on-line dispõem de várias ferramentas digitais (fóruns, *chat*, diário, e-mail etc.) que favorecem o processo de comunicação e interação entre os participantes do curso. Além disso, é possível fazer uso de links, o que não acontece com o material impresso. Porém, é importante que os ambientes virtuais onde os cursos estão disponíveis estejam organizados de forma simples, para que seus usuários não sintam dificuldade em utilizá-lo. Caso esses ambientes estejam organizados de forma complexa, com uma variedade de ferramentas, muitos alunos podem abandonar o curso.

Silva (2003) enfatiza que na produção de materiais didáticos para cursos on-line, por exemplo, o trabalho do conteudista exige parceria com outros profissionais – que não necessariamente é contemplada nos materiais impressos – como a do *web* roteirista. Para que não haja a subutilização dos AVA, faz-se necessário que além de conhecer o funcionamento do ambiente virtual em que o curso será hospedado, o conteudista possa contar com o apoio de um roteirista de materiais para a *web*, pois juntos poderão planejar os elementos necessários à produção do **hipertexto**, tais como, sites, imagens, CD de músicas, variados textos referentes ao conteúdo do curso etc. É fundamental que a produção do conteúdo do curso/disciplina/módulo esteja condizente com as ferramentas do AVA.

Reafirmamos que o foco principal do material didático é contribuir para a aprendizagem dos alunos. Para a coerência e pertinência do material didático da EaD, é preciso que este seja permeado por flexibilidade, reflexão crítica, ênfase no contexto, curiosidade, criatividade, respeito ao outro, postura ativa do sujeito, e realce os conhecimentos prévios dos alunos. Porém, esperamos que ele também possa levar os alunos a compreenderem que a incerteza é inerente à busca do conhecimento e que isso sirva de motivação para buscarem aprender cada vez mais.

> *PARA SABER MAIS!* Para aprofundamento da discussão, leia o texto "Mediação pedagógica na Educação a Distância: as pesquisas brasileiras". Disponível em: <http://periodicos.unb.br/index.php/linhascriticas/article/view/12454/8677>. Acesso em: 21 mar. 2015.

3. Elementos estruturais do material didático

A produção de material didático para cursos a distância é uma ação que nos remete à atividade de ensino, que é orientadora da aprendizagem. Um dos aspectos imprescindíveis na forma de organizar o ensino diz respeito ao entendimento de suas finalidades que nada mais são do que atender às necessidades dos alunos que querem aprender.

Para ensinar determinado conteúdo temático, é necessário definir os objetivos, os quais exigem clareza e direcionamento. De nada adianta uma lista enorme de objetivos se eles não estiverem coerentes com os conteúdos propostos e as expectativas de aprendizagem dos alunos. Outros cuidados necessários para a boa qualidade do material didático são definir cuidadosamente os procedimentos de ensino, selecionar recursos pedagógicos e tecnológicos que auxiliarão na abordagem do tema em estudo e realizar a avaliação tanto do ensino quanto da aprendizagem. Um dos pontos mais críticos do ensino é definir seu objeto, que se transformará (ou, pelo menos, deverá) em objeto de aprendizagem, já que nem sempre isso ocorre.

Na produção de material didático para EaD, a primeira ação a ser executada pelo conteudista é a elaboração do planejamento da referida produção. Inicialmente, são definidos os objetivos do material didático do curso e, a partir deles, os demais aspectos são desencadeados, como: o modelo de comunicação, as estratégias didáticas e as abordagens. Em seguida, são definidas a apresentação do material, as unidades temáticas, os suportes midiáticos e as atividades de aprendizagem.

De posse desse planejamento, o conteudista inicia o processo de produção, que parte da seleção que fará de diferentes textos, relacionados aos temas que serão abordados no material e que irão subsidiar a produção.

O conteudista se vê diante de diversas possibilidades de como organizar o material didático, pois tem que escolher textos que comporão o material, produzir novos textos, organizar orientações para a leitura dos textos e desenvolver atividades de aprendizagem. Nesse contexto, ele incorpora a óptica da docência e, por isso, além de ser especialista na área de conhecimento do material a ser produzido, é necessário que esteja comprometido com o processo de ensinar e de aprender. Dessa forma, cabe a ele organizar o material didático de forma crítica, comprometendo-se com o processo de construção do conhecimento do aluno.

Como vemos, ao selecionar textos que subsidiarão a produção do material, o conteudista busca extrair desses textos as informações e dá o tratamento adequado a tais informações. Além do mais, ele seleciona figuras, charges, desenhos, fotografias, entre outros, que comporão o material e que podem tornar a leitura do texto bem mais agradável para o aluno.

Para o material ser produzido e disponibilizado aos alunos, é recomendado levar em conta alguns critérios básicos, como: a) que sejam enfatizados aspectos centrais do conteúdo do curso; b) que os alunos não tenham dificuldades em acessá-los e que sejam de fácil compreensão; c) que os textos estejam bastante articulados com a proposta pedagógica do curso; d) que ao indicar um capítulo de um livro como leitura, não comprometa o texto como um todo (SOLETIC, 2001).

Não existe um modelo-padrão para a estruturação do material didático da EaD. Porém, existem orientações gerais voltadas para a estruturação do referido material e cada instituição pode estabelecer uma forma própria de produção de seu material didático. É fato que o conteúdo é organizado em unidades temáticas e seções e há sempre atividades de aprendizagem a serem realizadas, podendo ser ao longo da unidade ou ao final dela.

A organização do conteúdo por unidade e seções contribui para facilitar os estudos e, consequentemente, o processo de aprendizagem. Como na EaD não existe relação face a face entre professor/tutor e alunos, o texto de cada unidade é escrito em uma perspectiva dialógica (trataremos desse assunto, de forma detalhada, na seção 5 deste capítulo). Tanto a escrita dialógica quanto as ilustrações (exemplos, imagens, situações-problema, glossários, links etc.) contribuem para dinamizar o conteúdo. Além disso, em cada unidade, é necessário que haja indicação de outras leituras e as referências dos textos que subsidiaram a produção.

Para facilitar a realização de todo esse trabalho, o conteudista pode se questionar a respeito do que os alunos precisam aprender naquele tema que está proposto para a unidade. A partir desse questionamento, traçará os objetivos de aprendizagem. Essa ação é necessária não somente porque facilita o trabalho de produção do conteúdo, mas também porque os alunos, ao terem contato com o material didático, ficarão sabendo o que podem aprender, a partir dos estudos daquela unidade de conteúdo de ensino.

Podemos citar como exemplo a proposta sugerida por Preti (2010). Ele destaca que a apresentação pode conter as boas-vindas, os objetivos da disciplina, a visão geral da disciplina, os temas que serão abordados e sua importância, os questionamentos que perpassarão por toda a disciplina, conhecimentos prévios fundamentais para compreender o tema que vai ser abordado no texto, orientações para o estudo e realização das atividades, além de palavras de incentivo ao estudo.

A demonstração da seleção dos principais temas/conceitos a serem abordados é feita por meio da ferramenta Mapa Conceitual. Esse mapa é uma espécie de diagrama utilizado para apresentar relações entre temas/conceitos de uma determinada área de conhecimento e sua origem se dá na própria estrutura da disciplina. Na prática, o mapa conceitual traz uma visão geral dos conceitos a serem explorados numa disciplina. A partir daí, começará a organizar o conteúdo em unidades temáticas.

A organização das unidades temáticas pode começar com uma abertura (apresentação) que enfoque o tema e sua importância; questionamentos sobre situações que dizem respeito ao tema; um caso (história, anedota etc.) relacionado ao tema; os objetivos da unidade; e, por fim, subdivisões da unidade.

Enfatizamos que a elaboração do material didático é uma ação que exige cuidados para evitar problemas no momento de sua utilização pelos alunos. A maneira como o material didático é elaborado pode contribuir para que os alunos desistam do curso. O excesso de conteúdos e de atividades são fatores determinantes para a desistência de muitos alunos.

A estruturação do material didático para EaD deve ser feita de forma que contribua para a aprendizagem dos alunos. A partir do momento em que o conteudista faz a seleção dos temas e conceitos a serem abordados e define as estratégias pedagógicas que vão ser utilizadas, consequentemente estará planejando como intervir nos processos cognitivos do aluno.

É importante ressaltar que é necessário ter muito cuidado no momento da produção do material didático para evitar fragilidades oriundas de conceitos abordados de forma incoerente, atividades que não estão relacionadas com os objetivos da aprendizagem, avaliações que priorizam a memorização ao invés de valorizar questões reflexivas que levam à construção do conhecimento, entre outros. Afinal, a repetição do discurso do outro (como ocorre no ensino tradicional) não estimula a aprendizagem.

Chamamos sua atenção para as dificuldades que envolvem a produção de material didático para EaD. Por exemplo, na formação de equipes de profissionais para produzir o material faltam especialistas não só enquanto produtor de conteúdo, mas para ocupar outras funções dentro da equipe, o que contribui para que um mesmo especialista ocupe mais de uma função. Outro aspecto que exige atenção são os materiais didáticos para cursos on-line, pois muitas vezes não são produzidos considerando as características próprias do hipertexto; o que se vê são os impressos disponibilizados nos AVA sem nenhuma adaptação. Além disso, muitos materiais produzidos não utilizam a linguagem dialógica, não consideram o perfil dos alunos e estão dispostos mais como uma forma de transmitir informações do que como provocadores de aprendizagem.

PARA SABER MAIS! Para aprofundamento da discussão, leia o texto "Produção de conteúdos para EAD: planejamento, execução e avaliação". Disponível em: <http://www.ileel.ufu.br/anaisdosielp/pt/arquivos/sielp2012/687.pdf>. Acesso em: 10 ago. 2015.

4. A escrita dialógica como necessária à produção do material didático

A aprendizagem na EaD pode ocorrer mais facilmente quando os textos que compõem o material didático estão escritos numa linguagem dialógica – esta tem se constituído uma das principais características do referido material. A utilização da linguagem dialógica é uma estratégia recomendada ao conteudista, especialmente, porque facilita a compreensão da leitura do conteúdo pelos alunos. Sendo assim, ao considerar a natureza dialógica da linguagem, os textos serão elaborados para o material didático de forma que não deem margem a construções confusas, ambíguas, difíceis de serem compreendidas pelo aluno.

Na perspectiva de Bakhtin (2003), o princípio dialógico da linguagem humana envolve trocas e negociações constantes entre os sujeitos. Nesse contexto, não é permitido o discurso formal do professor. Por isso, a ênfase deve ser sempre dada ao caráter dialógico da linguagem. O reconhecimento desse caráter da linguagem é o primeiro passo para estabelecer proximidade numa relação que se dá a distância, como é a do professor e dos alunos em um curso a distância.

Quando se estabelece uma relação dialógica entre os envolvidos com questões educacionais, a interação acontece de forma que todos participam em condições de igualdade. Assim, o enunciador deve elaborar uma mensagem que seja entendida por seu interlocutor. Este, por sua vez, interage, participando ativamente dessa construção dialógica.

A utilização de uma linguagem dialógica no material didático possibilita ao aluno uma leitura prazerosa, contribui para que ele sinta proximidade do professor (ou tutor) e que ambos estão juntos no processo de construção do conhecimento. Vale salientar que, ao abordar a expressividade da linguagem, não quer dizer que está sendo dada ênfase à banalização do conteúdo ou de se eximir do desenvolvimento e aprofundamento dos conceitos. Ao pensar em estabelecer essa dialogicidade no material, o conteudista deve lembrar que o professor e o aluno não estão numa relação face a face. É por meio de uma escrita dialógica, que este organizará o material didático com o intuito de provocar a aprendizagem. Ou seja, quanto mais conhecimento tiver do interlocutor (o aluno), do seu contexto, torna-se mais fácil estabelecer o diálogo.

Os pesquisadores americanos Moore e Kearsley (2007) defendem que o material didático seja redigido em um estilo de conversação, em que, preferencialmente, seja usada a primeira pessoa e um vocabulário simples. Assim, a linguagem deve ser clara, de forma a facilitar a compreensão do tema em discussão e, para isso, podem ser contemplados no material, relatos pessoais, exemplos, comentários diferentes sobre um mesmo tema, formulação de perguntas, entre outros.

Para que a linguagem do texto possibilite uma rápida compreensão, é necessário que os parágrafos estejam redigidos de forma que seja fácil a identificação das ideias e que as frases sejam curtas. É aconselhável evitar excesso de negações em uma mesma frase, o uso da voz passiva do verbo e o excesso de palavras impessoais. Além disso, quando houver termos técnicos, que sejam explicados (até com exemplos). Por fim, reforçamos que o material didático seja compatível com o perfil do aluno, por isso o uso de palavras mais familiares aos alunos seja um requisito a ser considerado (FRANCO, 2007).

Estabelecer diálogo com o aluno por meio de um texto didático significa considerar os conhecimentos prévios dos alunos sobre o tema abordado, propor desafios, mas também utilizar exemplos que estejam relacionados ao contexto de vida dos alunos. Além disso, é necessário propor questões reflexivas, apreciação das imagens presentes no texto e utilização de um vocabulário de fácil entendimento.

Enfatizamos que o diálogo deve sempre ser constituído a partir dos conceitos contidos no texto. Porém, quando tratamos de produção de material didático da EaD, o diálogo não acontecerá entre conteudista e alunos, mas entre tutor e alunos. Esses materiais devem estar organizados de tal forma que o diálogo ocorra entre esses sujeitos. Nesse sentido, o papel do conteudista é de provocar o diálogo, pois esse é desencadeado a partir do texto, por meio de questionamentos, de exemplos, de ilustrações, entre outros.

5. Aprendizes da EaD: potenciais leitores e usuários do material didático

Ao produzir um texto, o autor tem em mente aquele para quem o produz. Dessa forma, essa construção se dá entre o "eu" e o "tu". A inserção do outro na atividade de produção é o ponto de partida para a materialidade do texto. Vale salientar que o sentido do texto é construído tanto em sua produção quanto em sua leitura (pelo outro): o sentido é dado pelo autor e seus interlocutores. Por isso, é importante que, na EaD, o sujeito responsável pela produção do material didático tenha informações a respeito dos alunos do curso para o qual está produzindo o conteúdo.

A discussão em torno da produção de material didático para cursos a distância leva-nos a refletir a respeito do texto e das propriedades básicas que o constituem. De acordo com Val (1997), uma dessas propriedades básicas do texto refere-se ao fato de ele se constituir numa unidade sociocomunicativa, que diz respeito à língua em uso. A construção do sentido do texto é dada na produção e na recepção por fatores pragmáticos como as intenções do autor, o **contexto sociocultural** em que se insere o discurso, entre outros. Outra propriedade básica explicita que o texto se constitui numa unidade semântica. Por essa razão, aquele que lê o texto necessita percebê-lo como um todo significativo – é a coerência a responsável pelo sentido do texto.

Como podemos perceber, o outro – no caso, aqui, o aluno da EaD – é indispensável ao processo de produção do material didático. Isso evitará que tal material fique distante da realidade daquele aprendiz.

Para o aluno entender o contexto em que vive, seja ele local, seja global, a partir do conteúdo temático, é preciso que as condições sejam dadas, podendo ser reflexões por meio de exemplos, de situações-problemas, de texto de jornal etc. O importante é que a forma como esses recursos são utilizados contemple situações que levem os alunos a agirem criticamente, ao mesmo tempo que apresentem respostas criativas. Nessa perspectiva, o aluno é colocado numa situação de

Capítulo 1 – O material didático para o processo ensino-aprendizagem a distância   27

superação de uma atitude de acomodação, passando a uma postura crítica diante do conteúdo proposto.

A ação inicial do conteudista é buscar informações a respeito dos alunos que irão utilizar o referido material, quais são seus interesses, suas preocupações e dificuldades. As informações colhidas são utilizadas no momento de decidir o que é esperado desse aluno em termos de aprendizagem, mas, também, quando for definir quais estratégias de comunicação adotar e que sejam adequadas ao perfil identificado. Nesse processo, esse profissional pode se colocar na perspectiva do aluno, buscando identificar seus interesses, o que sabem sobre o tema, suas possibilidades de compreensão. Essas estratégias possibilitarão criar uma melhor comunicação e compreensão dos conteúdos (SOLETIC, 2001).

Considere que os potenciais alunos da EaD sejam adultos. Essa constatação possibilita traçar algumas características próprias dos sujeitos que já se encontram numa fase adulta da vida. No planejamento de material didático, o primeiro passo é pensar em torno do modo pelo qual esses alunos aprendem para poder decidir

qual forma adotar para ensinar o que precisam saber. De acordo com a idade, as preferências quanto às formas de aprender são alteradas em razão das experiências vividas e da maturidade. A tendência dos adultos é de que vejam a aprendizagem como uma forma de adquirir conhecimento para colocar em prática em seu cotidiano ou para crescer na carreira profissional. Por isso, as discussões que serão desencadeadas pelo material didático podem iniciar a partir da aprendizagem de experiências práticas, de exemplos de suas vivências pessoais.

O aluno adulto normalmente tem emprego, família para cuidar e muitas outras obrigações cotidianas. No entanto, quer estudar mesmo que seu tempo seja reduzido para tal. Em decorrência de suas próprias experiências de trabalho, a maioria dos adultos se matricula em cursos que estejam relacionados com sua área de trabalho, pois vê a educação como um investimento próprio no sentido de aperfeiçoar ou melhorar sua profissão. Os alunos adultos dispõem de muitos conhecimentos da vida, do mundo deles mesmos e de suas relações interpessoais, os quais contribuirão para lidar melhor com os colegas de turma e o professor/tutor.

Peters (2006) faz alguns questionamentos a respeito do perfil do aluno da EaD, por exemplo, se deveria oferecer o mesmo ensino que é oferecido no ensino presencial ou se deveria levar em conta o perfil do adulto, inclusive sua motivação – que é diferente para estudar – e mesmo sua carga de atividades, podendo ser duplicada ou triplicada. Esse autor afirma que em um ensino adequado à EaD, além do incentivo à motivação do aluno, é necessário dar-lhe orientação no estudo a distância (em que ele se encontra sozinho), estimulá-lo a compartilhar suas dúvidas com os colegas estudantes e os professores e tutores. A atenção do conteudista quanto às diferenças individuais é necessária, pois haverá momentos em que o atendimento ao aluno tem que ser feito individualmente. Dependendo do curso que esteja sendo ofertado, não é possível desenvolver esse trabalho exclusivamente a distância, mas em espaços na própria instituição para que os alunos possam receber as orientações presencialmente. Tudo isso é relevante no processo ensino-aprendizagem na EaD, mas também as condições sociais do meio em que vive o aluno, a atividade profissional que desenvolve e as condições em que a EaD é oferecida.

Diferente do que acontece com o jovem, a aprendizagem no adulto ocorre mais lentamente. Dessa forma, ações como fazer as ligações entre o conhecimento que precisa aprender e aquele que já aprendeu, bem como processar minuciosamente o novo conteúdo demandam muito mais tempo para ocorrer. Por isso, quando tem pouco tempo para assimilar o conhecimento novo ou precisa se apropriar de muitas informações ao mesmo tempo, o adulto fracassa mais. Por outro lado, quando o adulto dispõe de tempo suficiente para processar os novos conhecimentos e integrá-los, sua aprendizagem torna-se mais sólida do que a do jovem (GARCÍA LLAMAS, 1986, apud PRETI, 2010).

Collins (1998 apud ALVARIÑO, 2004) aponta algumas características dos adultos, consideradas relevantes, quando refletimos sobre sua aprendizagem. A primeira delas trata da concepção que os adultos têm deles mesmos, enquanto pessoas maduras, o que faz que leve a tomar suas decisões, bem como tenham controle sobre suas vidas. Já a segunda se refere ao acúmulo de experiências e conhecimentos que os adultos acumulam ao longo dos tempos e que podem ser úteis para a aprendizagem. As trocas de experiências e de conhecimentos dos alunos de um curso contribuem para enriquecer a aprendizagem. A terceira característica dos adultos diz respeito à motivação para aprender. Os adultos se sentem motivados para temas e atividades que contribuam para melhorar as funções que exercem. Assim, quando um adulto se matricula num curso de formação, ele tem expectativas e necessidades bastante concretas quanto ao aprimoramento de seu trabalho, por exemplo. A quarta característica está bem ligada à terceira e diz respeito à questão de que, para os adultos, os conhecimentos adquiridos na formação (curso) só são úteis se forem aplicados imediatamente. Sendo assim, os adultos têm preferência pelas resoluções de problemas às **teorias da aprendizagem** abordadas em cada tema do curso.

As instituições de ensino não utilizam uma diversidade de estratégias para fazer um levantamento do perfil dos alunos. A prática mais comum é a aplicação de um questionário realizado no momento da inscrição para concorrer a uma vaga no curso. A partir desse questionário, é feita uma espécie de diagnóstico. Outra forma de coletar informações é buscar junto aos tutores, no caso de o curso já ter sido oferecido. Pode também ter por base os alunos de cursos presenciais, quando o curso está sendo ofertado pela primeira vez. É muito importante que o material didático seja produzido com base no perfil dos alunos.

No contexto da produção de material didático para a EAD, a reflexão do conteudista em torno dessas características leva a direcionar melhor suas escolhas quanto aos temas a serem abordados no material e quais escolhas metodológicas adotadas podem contribuir para a aprendizagem dos alunos adultos.

Reconhecemos a relevância de se ter conhecimento do perfil do aluno na produção de material didático produzido para a EaD, porém, esse é um ponto crítico dessa modalidade de ensino, pois não é uma prática adotada por todas as instituições que ofertam cursos a distância. É comum vermos alunos insatisfeitos com o material do curso que frequentam, discordam da forma como o conteúdo é abordado – de difícil compreensão – e das atividades propostas, justificando que não condizem com suas expectativas e interesses. Por que as instituições de ensino que trabalham com a EaD não consideram a identificação do perfil como item obrigatório para a produção do material didático? Afinal, os materiais didáticos são produzidos para que o aluno da EaD se aproprie deles e compreenda os conceitos abordados.

Glossário

Ambiente Virtual de Aprendizagem (AVA) – Software utilizado para organizar cursos on-line, cujo acesso é cedido ao aluno com a organização de atividades por docentes.

Aprendizagem significativa – Interação entre os conhecimentos prévios que o aluno já dispõe e os novos conhecimentos com que ele tem contato.

Contexto sociocultural – Valores, costumes e tradições da sociedade.

Digitalização – Processo em que se transforma uma imagem, sinais de áudio ou imagens, estáticas ou em movimento, em códigos digitais.

Download – Ato que permite "baixar" (transferir cópia) um ou mais arquivos para um computador que o indivíduo esteja usando. Pode ser feito com textos, imagens, vídeos, programas etc.

Hipertexto – Termo utilizado para se referir a um texto no qual se mencionam outros textos, palavras, imagens e sons utilizando *links* (atalhos de ligação).

Mediação pedagógica – Vínculo que liga diretamente o professor ao aluno na busca pela aprendizagem. O papel do professor é de facilitador, incentivador ou motivador da aprendizagem para que o aluno construa o conhecimento.

Teorias da aprendizagem – São teorias que discutem, cada uma ao seu tempo, a dinâmica do ensino e da aprendizagem, buscando explicar a relação entre os conhecimentos que já existem e os novos conhecimentos.

Videoconferência – Sistema que possibilita a comunicação utilizando áudio e vídeo, ao mesmo tempo, através de equipamentos e programas de computador. Na videoconferência é possível, em tempo real, o contato com pessoas de qualquer lugar do mundo. É como se estivéssemos conversando pessoalmente com outra pessoa (ou outras).

CAPÍTULO 2
FORMATOS DE CURSOS A DISTÂNCIA E ESTRATÉGIAS PEDAGÓGICAS

1. Introdução, 32

2. Formatos de cursos a distância, 32

3. Aplicação de estratégias pedagógicas e tecnológicas, 33

4. As atividades de aprendizagem em cursos a distância, 34

5. Atividades de aprendizagem propostas no material didático da EaD, 36

6. O uso de tecnologias da informação e da comunicação no processo ensino-aprendizagem a distância, 39

7. Os ambientes virtuais de aprendizagem (AVA), 40

Glossário, 50

1. Introdução

A elaboração de cursos a serem desenvolvidos através da EaD deve ser realizada pensando em oferecer ensino de qualidade com a intenção de que os alunos consigam construir conhecimentos. Para tanto, essa elaboração exige não apenas que respeitem as características do público que se pretende atingir, mas, também, que sejam baseados em abordagens teóricas coerentes com a modalidade de ensino que se aplica.

Reconhecemos a necessidade do cuidado que devemos ter com certas práticas, ainda recorrentes, que podem trazer sérios prejuízos para os alunos de cursos de EaD. Dentre essas práticas, relacionamos duas:

a) a reprodução das abordagens tradicionais do ensino presencial, cujo foco é bastante latente nos cursos de EaD; e b) a grande preocupação em utilizar uma tecnologia específica, sem que haja uma mudança metodológica.

Desse modo, queremos destacar que as estratégias pedagógicas no material didático de cursos a distância estão relacionadas com o ensino e a aprendizagem. Elas dizem respeito aos meios pelos quais são explorados os temas abordados no conteúdo de cada unidade de ensino com a intenção de atingir os objetivos voltados para a aprendizagem do aluno.

A utilização dessas estratégias na EaD é necessária, pois são elas que farão que os alunos possam desenvolver competências e habilidades de forma a favorecer sua aprendizagem; consequentemente, eles poderão verificar se estão aprendendo de fato. Seu uso diversificado se justifica pelo fato de que são elas a fazerem a ponte entre o que é esperado que os alunos aprendam e o que, efetivamente, eles aprendem. Na EaD, é necessário considerar, a partir de cada estratégia definida para o ensino, as possibilidades de uso pedagógico que as mídias relacionadas oferecem.

2. Formatos de cursos a distância

Há duas formas de ofertar cursos a distância: totalmente a distância ou de forma híbrida (realizado em parte presencial e parte a distância).

Os principais tipos de cursos ofertados na EaD são aqueles cujo material didático apresenta-se no formato impresso, videoaulas, transmitidos via satélite e os cursos on-line. Todos esses cursos são organizados tendo uma mídia que será o suporte e terá maior destaque, porém todos eles podem utilizar outras mídias de forma conjugada.

Por exemplo, os cursos on-line são disponibilizados em ambientes virtuais de aprendizagem, porém não inviabiliza que o conteúdo também esteja disponível em livro-texto, fascículos ou apostilas ou ainda seja organizado em CD/DVD, *pen drive*, *tablet*. O conteúdo dos cursos impressos está disponível em livro-texto, fascículos ou apostilas, mas podem ser distribuídos por meio de outras mídias. As videoaulas podem ser veiculadas na TV ou serem distribuídas em CD/DVD, mas os alunos podem dispor de um ambiente virtual para realizar as atividades e, também, receber o material impresso para leitura. E com os cursos transmitidos via satélite, acontece a mesma situação.

Chamamos a atenção em relação à estruturação dos cursos, a qual pode ser feita em módulo ou por unidade, seções ou subseções. A opção por uma ou outra estruturação não traz prejuízos para os alunos, pois esse aspecto não interfere na qualidade do curso.

As instituições de ensino vêm se organizando para ofertar cursos a distância de forma que atendam às diferentes realidades em que os alunos estão situados. A escolha do formato dos cursos deve ser feita considerando essa questão. É fato que, atualmente, o uso conjugado de mídias vem sendo adotado pela maioria das instituições que ofertam cursos a distância.

PARA SABER MAIS! Para aprofundamento da discussão, leia o texto "Material didático em educação a distância: fragmentação da docência ou autoria". Disponível em: <https://periodicos.ufsc.br/index.php/gual/article/viewFile/1983-4535.2012v5n4p141/23684>. Acesso em: 27 mar. 2015.

3. Aplicação de estratégias pedagógicas e tecnológicas

Quando discutimos sobre a produção de material didático para a EaD, independentemente de qual seja o formato do curso, é importante que se levem em conta alguns aspectos relevantes quando se trata de estratégias pedagógicas e tecnológicas: a) as estratégias se fazem necessárias para que os alunos possam atingir os objetivos propostos para o estudo de uma determinada unidade de ensino; b) as estratégias devem ser propostas de acordo com o que se espera do aluno; c) elas devem ser sempre intencionais; d) sua proposição pelo conteudista não é suficiente; e e) faz-se necessária a dinamização pelo professor/tutor.

Contudo, como fazer que essas estratégias sejam instigantes e motivadoras para a aprendizagem?

Ao propor determinadas estratégias pedagógicas e tecnológicas quando está produzindo o material didático de um curso a distância, o conteudista tem em mente que os alunos desenvolvam determinadas competências a partir do tema em estudo. Dessa forma, o conteudista planeja diversas ações que vão orientar o ensino e, para isso, vai utilizar-se de alguns meios que possam favorecer a aprendizagem dos alunos. É nesse contexto que as TIC vão ser úteis ao processo ensino-aprendizagem na EaD.

Veremos, agora, algumas estratégias por meio das quais o ensino de determinado conteúdo temático pode levar o aluno à aprendizagem.

4. As atividades de aprendizagem em cursos a distância

O material didático da EaD está organizado através de conteúdos temáticos, mas também por atividades de aprendizagem, as quais contribuem para que o aluno participe do processo de construção do conhecimento. Elas têm relevância pela função que exercem no contexto. No entanto, reconhecemos que a forma em que se encontram elaboradas pode contribuir, ou não, para a aprendizagem. Quando elaboradas de forma aleatória, sem considerar a profundidade das discussões propostas pelo texto didático, o contexto em que o aluno vive – consequentemente, desconsiderando seu perfil – a reflexão crítica, as novas descobertas ou sem que desperte o aluno para a pesquisa, entre outros, não levam à aprendizagem, acabando por prejudicar o aluno.

Porém, quando as atividades possibilitam ao estudante, por exemplo, analisar, comparar, confrontar etc., elas contemplam aspectos relacionados à criatividade, à criticidade, à construção do conhecimento de forma coletiva e dinâmica, levando o aluno à aprendizagem. As atividades propostas no material didático devem conduzir o educando ao processo de conhecimento. Do contrário, podem ser decisivas para sua desmotivação, podendo se refletir numa possível evasão.

Nesse processo de produção, é necessário levar em consideração que os conteúdos e atividades propostas devem ser contextualizados e, além disso, que seja estabelecida a relação entre a teoria e a prática. Assim, a forma como o conteudista organiza as atividades de aprendizagem do material didático deve explicitar a intenção de levar os alunos a aprender.

No entanto, as atividades de aprendizagem podem se apresentar de forma desarticulada da realidade dos alunos, marcadas pela **linearidade** e pouco reflexivas. Os cursos de formação inicial ou continuada, por exemplo, devem partir das necessidades concretas que a realidade vivida pelos alunos exige, pensados no sentido de reduzir a fragmentação do conhecimento.

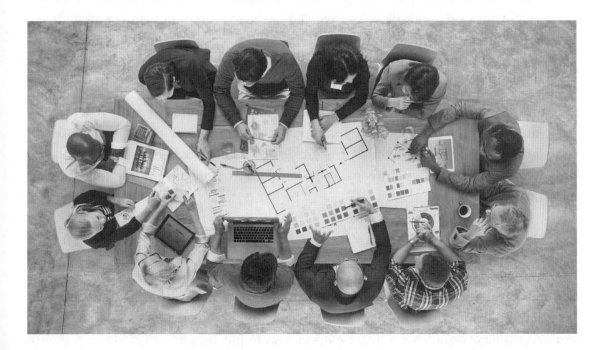

Quanto à sua profundidade, essas atividades podem se apresentar de forma simples ou complexa. São consideradas simples quando é solicitado, por exemplo, que o aluno descreva, enumere, classifique, entre outros. Porém, existem atividades que envolvem a compreensão de conceitos-chave e exigem um nível de complexidade maior, como situações-problema ou análise de casos. Essas últimas atividades demandam a utilização progressiva de **estratégias cognitivas** complexas, favorecendo o avanço do aluno na compreensão dos temas propostos no material didático.

A escolha das atividades para o material didático é feita em função de alguns propósitos, ou seja, elas podem ser utilizadas para desencadear uma discussão a respeito de um ponto específico do tema que está sendo abordado, mas, também, ampliar algumas ideias apresentadas no conteúdo ou contribuir para esclarecer conceitos explorados. Elas são ainda essenciais para aprofundar temas relevantes e/ou complexos. Além disso, elas favorecem a aproximação dos alunos de várias perspectivas com que o tema pode ser abordado ou contribuem para aumentar o interesse sobre ele, entre outros. Assim, as atividades devem sempre deixar evidente o que se espera do aluno.

É importante que fique claro que essas atividades estão voltadas para objetivos específicos e conteúdos propostos em cada unidade, mas, também, para as especificidades da disciplina, e são propostas de forma gradual, considerando o nível de complexidade. Portanto, entre outros, seus critérios e suas características são as seguintes: devem ser elaborados a partir de temas relevantes; que possibilitem o desenvolvimento do pensamento reflexivo; que possam desenvolver outras habilidades, além daquelas que o aluno dispõe; que contemplem teoria-realidade-teoria e realidade-teoria-realidade; que possibilitem ao aluno ir além do senso comum; que promovam a criatividade e desenvolvam o senso crítico; que apresentem diversos problemas reais com soluções possíveis e aceitáveis; que possibilitem a organização e a hierarquização do conteúdo; que orientem o uso de fontes bibliográficas e de dados (PRETI, 2010).

A realização das atividades dos cursos a distância é, muitas vezes, preocupante, por causa do tempo destinado para sua resolução, pois na elaboração do material, esse fator não é levado em consideração. Sendo assim, muitas vezes, o tempo só atende a atividades de compreensão da leitura, prejudicando a qualidade do resultado da atividade.

5. Atividades de aprendizagem propostas no material didático da EaD

Há uma diversidade de atividades que o conteudista pode dispor para utilizar no material didático. Apresentaremos três propostas, e duas delas estão organizadas por grupos de atividades e a outra é apresentada por tipo de atividade. A primeira proposta foi apresentada por Preti (2010), na qual as atividades de aprendizagem da EaD estão organizadas em três grupos: atividades de autoavaliação, atividades de processo e atividades obrigatórias.

As atividades de autoavaliação estão relacionadas com conteúdo e objetivos específicos da aprendizagem. Elas são propostas com a intenção de que o aluno verifique se assimilou a informação, resolva exercícios, responda questões específicas relacionadas ao texto, entre outros. Além disso, essas atividades possibilitam que os estudantes constatem se houve compreensão do que foi lido, se os conceitos estão claros, entre outros, e, nisso, o aluno poderá verificar se alcançou os objetivos, ou não.

As atividades de processo são aquelas realizadas no decorrer da unidade ou módulo. Os alunos podem desenvolver essas atividades de forma individual, mas também em grupo, já que os ambientes virtuais de aprendizagem possibilitam que seja utilizada essa estratégia. Exemplos são os questionamentos para reflexão do tema, situações-problemas, simulações etc.

Já as atividades obrigatórias são propostas como etapa formal de avaliação e são realizadas após as atividades de autoavaliação. Há duas maneiras para elaboração dessas atividades: a) quando o conteudista é, também, professor da disciplina e a instituição atende alunos de várias regiões do país; b) quando o conteudista produz material didático que atende a outras instituições. No primeiro caso, as atividades obrigatórias são contempladas no material didático; no segundo, o conteudista apenas pode sugerir essas atividades, ficando a cargo das instituições que estão ofertando o curso executá-las.

A segunda proposta foi organizada por Silva (2011), que recomenda ao produtor de conteúdo da EaD produzir material didático priorizando uma abordagem pedagógica cujo foco seja a aprendizagem do aluno. Para isso, é necessário criar situações de aprendizagem através de atividades diversificadas, procurando atender os diferentes perfis de alunos. Nesse contexto, a autora propõe algumas atividades das quais destacamos os seguintes grupos: de pesquisa, atividades práticas, de interação, de colaboração, e as de avaliação.

As atividades de pesquisa são necessárias, pois levam o aluno ao desenvolvimento do potencial investigativo e crítico. Essas atividades se configuram pela pesquisa em diversas fontes para coleta e sistematização de dados. Além disso, elas são importantes e necessárias, pois contribuem para o aluno compreender que, para ele aprender, é preciso ir além do que está posto no material didático.

Por outro lado, as atividades práticas contribuem para que os conceitos compreendidos possam ser articulados às suas experiências de vida cotidiana. Assim, a articulação entre teoria e prática se materializa por atividades em laboratório, aulas-passeio, pesquisas de campo, entre outras. O estabelecimento da relação teoria-prática no processo ensino-aprendizagem é fundamental para a construção do conhecimento do aluno.

Além dessas, a autora ainda destaca as atividades de interação que são desenvolvidas em AVA. Outras atividades de interação são aquelas a serem publicadas em *blogs*, redes sociais, *YouTube*, entre outros. Essas atividades estão bastante relacionadas com as atividades de colaboração, que são desenvolvidas por meio de formação de grupos, gincanas virtuais, campeonatos virtuais, produção de *wikis*, entre outras.

Por fim, as atividades de avaliação demonstram o processo de aprendizagem do aluno. Algumas sugestões dessas atividades são a elaboração de diários, portfólios, **memoriais reflexivos** e resolução de **quiz**.

Como podemos perceber, o conteudista pode dispor de várias opções de atividades a serem propostas aos alunos. Sua escolha vai depender dos objetivos estabelecidos para o conteúdo do curso. O ideal é que sejam utilizadas atividades diversificadas de modo que atendam às expectativas de aprendizagem. Por exemplo, atividades de simulações contribuem para o desenvolvimento do pensamento crítico, uma vez que ajudam o aluno a desenvolver suas habilidades, levando-o a se envolver cada vez mais em sua aprendizagem. Quando o aluno se envolve em atividades dessa natureza, o professor pode orientá-lo a avaliar tal atividade, bem como seu desempenho e de seus colegas na atividade.

A terceira proposta foi apresentada por Franco (2007). A autora sugere que o conteudista evite propor atividades que demandem muito tempo para realizá-las, pois podem desvirtuar de seu propósito, que é promover a aprendizagem. Seus objetivos precisam estar bem definidos e serem motivadores da aprendizagem. O ideal é que não sejam propostas atividades muito longas, pois podem se tornar monótonas. As atividades devem sempre desafiar os alunos a seguirem em frente. A autora propõe que o material didático contemple algumas das seguintes atividades de aprendizagem, e algumas delas podem ser simples e outras mais complexas:

- **atividades intratextuais**: são aquelas que orientam a aprendizagem, levando o aluno à reflexão durante toda a leitura do texto no sentido de compreender os conceitos abordados, estabelecendo relações com o seu cotidiano;

- **atividades para investigações rápidas**: são propostas, normalmente, quando surge um termo novo ou informação nova que exige reflexão do aluno;

- **atividades de recapitulação**: contribuem para que os alunos reflitam sobre o que acabaram de ler, podendo aparecer ao final de uma seção ou subseção, por exemplo, e vêm expressas por meio de perguntas;

- **resumos ou esquemas**: contribuem para o aluno verificar se compreendeu as ideias gerais abordadas sobre o tema;

- **perguntas-problema**: dizem respeito à aplicação do conhecimento e intencionam aproximar a teoria da prática. Diferente das atividades práticas – propostas por Silva (2011) – que também buscam aproximar a teoria da prática – esse tipo de atividade leva à reflexão da teoria e da prática, sem necessariamente, partir para ação;

- **completar quadros ou lacunas**: contribui para desenvolver a habilidade de localizar informações no texto. Essa não é uma atividade complexa, proporcionando rapidez em sua realização;

- **atividades de síntese**: são as que levam os alunos a serem breves nas respostas e bastante diretos. Essas atividades contribuem para que o aluno compare ideias e concepções diferentes sobre um mesmo tema;

- **atividades de pouca reflexão**: são aquelas voltadas para a fixação do tema em estudo, como as atividades de múltipla escolha, as de preenchimento de espaço em branco, entre outras.

Nessa perspectiva, as atividades contribuem para que os estudantes reflitam sobre sua prática de modo que gerem mudanças – de comportamento, atitudes e valores. Por isso, é fundamental que o conteudista tenha contato com o projeto pedagógico do curso no momento de elaboração do material didático.

Ressaltamos que a forma como as atividades são propostas para o aluno podem ser motivadoras, estimuladoras e provocadoras de aprendizagem, mas também pode ocorrer o contrário disso. Muitas vezes, o material didático traz atividades mecânicas, descontextualizadas, que não conduzem à análise, ao confronto e sem possibilitar ao aluno aprender significativamente. No que diz respeito aos cursos em AVA, nem sempre as ferramentas que possibilitam a realização de atividades de forma crítica e criativa são utilizadas.

6. O uso de tecnologias da informação e da comunicação no processo ensino-aprendizagem a distância

Ao longo de sua história, a EaD vem fazendo uso das TIC disponíveis na sociedade como suportes na mediação do processo ensino-aprendizagem. Inicialmente, esses suportes eram os livros, as cartilhas ou os guias, os "kits" para as práticas, elaborados, especialmente, para a modalidade a distância, acrescidos da televisão e do rádio, na década de 1970, e dos áudios, na década de 1980. Os anos 1990 trouxeram outros desafios para a execução de programas que se pretenderam ofertar através da EaD: as possibilidades de interação que as TIC oferecem.

Assim sendo, sua utilização na educação vem trazendo contribuições ao proporcionar formas de buscar o conhecimento e, consequentemente, na maneira como o aprendemos. Sobretudo na EaD, a utilização das TIC tem se ampliado nos últimos anos, especialmente por exercer um papel relevante ao transformar essa modalidade de ensino numa possibilidade de acesso para muitas pessoas que querem investir em sua formação superior, por exemplo, ou aprimorar a prática profissional através de cursos de formação continuada, e se encontram nas regiões mais longínquas do Brasil.

Muitas vezes, são enaltecidas as potencialidades das TIC; outras vezes, são criticadas suas limitações. Ora são vistas como salvadoras, ora como alienadoras, no sentido de auxiliar ou não, tanto no dia a dia quanto no

processo ensino-aprendizagem. Porém, defendemos que sua utilização na EaD só é considerada verdadeiramente efetiva, significativa, concreta, se as atividades que as incluem deixam evidente a construção do conhecimento por parte dos alunos.

A dinamicidade na utilização das TIC pode levar os sujeitos envolvidos no processo ensino-aprendizagem (professor/tutor e alunos) a interagirem, trocando experiências, partilhando saberes, uns cooperando com os outros, construindo conhecimento coletivamente. Dessa forma, percerebermos que a "distância" – considerada uma das características principais da EaD – passe a não existir, praticamente. Ou seja, a forma como as TIC são utilizadas, proporcionando interação ampla entre aqueles que fazem uso delas, pode levar ao desaparecimento da distância nos cursos de EaD.

Quais estratégias podem ser adotadas para que as TIC estejam a serviço da aprendizagem dos alunos?

A resposta a essa questão exige do conteudista o conhecimento das potencialidades pedagógicas e das limitações das TIC e que devem ser levadas em consideração para poder fazer as escolhas que possam contribuir para favorecer a aprendizagem dos alunos. Dessa forma, as TIC podem dar uma significativa contribuição aos cursos de EaD, e um exemplo disso é a construção de ambientes de aprendizagem.

7. Os ambientes virtuais de aprendizagem (AVA)

A forma como os AVA são planejados e estruturados permite que haja a interação, a troca entre os pares, tão necessárias ao processo ensino-aprendizagem. Um dos elementos que vão "dar vida" a esses ambientes é o material didático produzido para tal. Assim, o modo como esse material está produzido e como é disponibilizado no ambiente virtual do curso é fundamental para colaborar na aprendizagem do aluno.

Esses ambientes têm feito que a oferta de cursos se dê de maneira diferente das outras possibilidades de oferta desenvolvidas anteriormente. Essa modalidade traz características bastante diferenciadas daquelas que se utilizavam de suportes disponibilizados pelos demais meios de comunicação usados na EaD, de forma isolada. Os AVA, por estarem inseridos em um suporte que tem como principal característica a **convergência de mídias**, amplia a possibilidade de interação. Aqui, ressaltamos que a tecnologia permite, mas não garante, diálogo, interatividade real, comunicação, ação comunicativa.

Os AVA têm contribuído para a expansão da EaD, favorecendo a disseminação de cursos. Isso se concretiza, principalmente, por serem espaços disponibilizados na internet, construídos, especialmente, com a intenção de proporcionar situações de aprendizagem utilizando ferramentas diversas (fóruns, *chat*, diário de bordo etc.) em que professores e alunos – em espaços e tempos diferentes – possam construir conhecimentos de forma colaborativa.

É bom lembrar que esses ambientes de aprendizagem são desenvolvidos em **plataformas virtuais** e proporcionam interação professor/tutor e alunos. Essa interação pode se dar de forma síncrona – quando seus interlocutores estão conectados ao mesmo tempo – e assíncrona – quando os interlocutores se conectam em momentos diferentes – entre tutores e cursistas.

Chamamos a atenção para o seguinte: ao pensarmos em utilizar esses ambientes virtuais no processo ensino-aprendizagem da EaD, é necessário levar em consideração alguns elementos relevantes, como: a) considerar quem são os sujeitos do processo de ensino-aprendizagem; b) a seleção de conteúdos e as inserções do material produzido devem sempre vir acompanhadas de uma reflexão crítica; c) conhecer os objetivos de aprendizagem; d) atentar para a comunicação na EaD, já que esta se dá, normalmente, através da escrita e, assim, podem ocorrer conflitos; e) compreender a dinâmica da EaD que se renova constantemente; f) considerar as possibilidades de interação; g) e verificar as possibilidades de avaliação (RAMOS; MEDEIROS, 2009). Dessa forma, percebemos que os alunos necessitam se adaptar a esses espaços de aprendizagem, bem diferentes da sala de aula presencial, e, particularmente, para muitos alunos, isso constitui um desafio.

Assim, é evidente, que há uma necessidade de mudanças na atuação do professor/tutor, pois, a partir dos AVA, sua função principal é de ser articulador, orientador no processo de construção do conhecimento dos alunos, bem como ser parceiro do aluno, ou seja, ele não é mais o sujeito que ensina, mas aquele que conduz o aluno em direção às novas descobertas, novos caminhos em busca do conhecimento.

Essas mudanças na atuação do professor são, também, predeterminadas por outro aspecto relevante relacionado aos AVA: a elaboração do material didático a ser utilizado. Para tal elaboração, o conteudista necessita da colaboração de profissionais de diversas áreas, com conhecimentos de **programação visual**, informática, psicologia da aprendizagem, conhecimento específico da disciplina ou módulo do curso, entre outros.

Os AVA trazem uma nova metodologia que subsidiará o processo ensino-aprendizagem. Por essa razão, consideramos relevante destacar os pontos seguintes:

- Embora nos AVA existam variadas ferramentas que possam contribuir para a dinamização das atividades pedagógicas, nem sempre todas elas são exploradas pelo professor/tutor;

- É preciso cuidado para que os AVA não se tornem espaços, apenas, de reprodução de informações, pois a intenção ao criá-los pressupõe a produção do conhecimento.

Não é possível ao produtor de conteúdo da EaD pensar a produção do material didático de um determinado curso sem pensar na funcionalidade das ferramentas disponíveis no AVA. É através dessas ferramentas que ele vai utilizar estratégias para dinamizar o processo ensino-aprendizagem.

> *PARA SABER MAIS!* A fim de aprofundar a discussão, leia o texto "Educação a distância na internet: abordagens e contribuições dos ambientes digitais de aprendizagem". Disponível em: http://www.scielo.br/scielo.php?pid=S1517-97022003000200010&script=sci_arttext. Acesso em: 29 mar. 2015.

Fórum

O fórum se apresenta de forma assíncrona com o intuito de promover a construção de conhecimento ou o aprofundamento de um tema, coletivamente. Pode ser considerado como espaço onde os diálogos são construídos entre professores/tutores e alunos a partir dos temas propostos no material didático.

A construção desse diálogo pressupõe uma relação de reciprocidade, permeada pelo respeito mútuo e a não imposição de opinião. O estabelecimento do diálogo se traduz no entendimento entre os sujeitos envolvidos – professor/tutor e alunos – e na busca conjunta pela compreensão dos conceitos abordados no curso. Os fóruns on-line de um determinado curso favorecem o encontro entre esses sujeitos, abrindo possibilidade para que o diálogo aconteça, mesmo estando em espaços e tempos diferentes.

Considerados como uma das principais atividades utilizadas nos cursos a distância, o fórum de discussão tem como principais características a interação, a colaboração, a construção coletiva do conhecimento, o diálogo, as trocas de experiência e o compartilhamento de informações. Por meio dessa **interface**, os alunos podem aprofundar os temas estudados, esclarecer dúvidas, ampliando os conhecimentos numa perspectiva de aprendizado.

Os questionamentos propostos para os fóruns precisam estar claros e concisos, de forma que os alunos compreendam imediatamente o que se espera deles nessa atividade.

Para seu bom funcionamento, a mediação do professor/tutor é fundamental, pois é esse sujeito quem estimula a participação, direciona as questões levantadas, dá novos encaminhamentos, mantém o equilíbrio das discussões, incentiva o compartilhamento de experiências, mas, principalmente, auxilia os alunos a darem seus depoimentos (contribuições) e a fazerem as intervenções de forma coerente e fundamentada.

O professor/tutor pode intervir quando preciso, pedindo esclarecimentos sobre posicionamentos, comparando opiniões dos alunos para que eles discutam e vejam as semelhanças e/ou diferenças. E pode, ainda, trazer casos relacionados ao que está sendo discutido para intensificar a discussão com um exemplo prático. Ele deve conduzir a discussão convidando os alunos a interagir, desafiando-os a aprofundar o debate com alguma pergunta instigante e ainda participar da discussão propondo novos questionamentos, observando sempre se o aluno não está fugindo do tema central. Além disso, pode evitar que a interação ocorra somente entre dois os três alunos. Para isso, ele coloca questões direcionadas ou convida algum deles a intervir no comentário de outro, por exemplo.

Sendo assim, a mera exposição de ideias ou relatos de experiências sem uma discussão entre os pares no fórum não pode ser configurada como uma situação em que o diálogo está presente. Quando os fóruns são dinâmicos, os alunos não só respondem à questão de abertura, mas, também, fazem intervenções nos depoimentos uns dos outros, acrescentam informações ou discordam de outras, contribuindo para que as dúvidas sejam sanadas.

A condução do fórum de forma que os comentários dos alunos estejam fundamentados, e não construídos no vazio, é uma das atribuições do professor/tutor, por isso, sua presença se torna tão necessária para que o diálogo aconteça. É nessa

construção colaborativa que os alunos adquirem novas posturas no sentido de cooperar com o outro, ou de não concordar algumas vezes, mas saber respeitar o posicionamento alheio.

Você deve estar percebendo o quanto o fórum de discussão é relevante em um curso a distância, não é mesmo? É verdade! É isso mesmo. No entanto, muitas vezes, os fóruns são subutilizados na EaD. Isso acontece, por exemplo, quando a participação dos alunos se limita à publicação de mensagens que procuram responder apenas ao enunciado da atividade. Dessa forma, não há interação entre os alunos, ou entre professor/tutor e alunos e, como consequência, a aprendizagem fica comprometida.

Chat

Na EaD, o chat tem como finalidade simular uma sala de aula em que alunos de um determinado curso a distância se encontram para discutir um tema abordado no material didático. Pode também ser utilizado pelo professor/tutor para fazer uma apresentação geral da disciplina, logo em seu início. Ou ainda, ser útil para o professor/tutor se encontrar com alunos para tirar suas dúvidas sobre temas complexos.

O professor/tutor é o responsável por agendar com antecedência a realização do *chat* com o intuito de tratar de um tema específico do curso. Ele pode antecipar, via e-mail, as orientações de como se dará o *chat*, indicar as leituras a serem feitas previamente, orientar a organização de respostas e fazer a mediação da discussão. Tudo isso é necessário para a realização do *chat*, tendo em vista que a discussão acontece em tempo real. Toda a discussão fica registrada de modo que possa servir como critério de avaliação da aprendizagem do aluno, mas também como avaliação do próprio professor/tutor ou até mesmo do curso em si.

A condução do *chat* deve ser cuidadosa para evitar que muitos "falem" ao mesmo tempo, ou a discussão deverá se dar por outros caminhos em que as mensagens enviadas fiquem fora de contexto. Para evitar esses problemas, o professor/tutor pode orientar as leituras e também as intervenções. O *chat* é bastante útil, pois pode tirar o professor/tutor do papel de transmissor de conhecimento, uma vez que ele utiliza as mesmas ferramentas dos seus alunos.

Diário de bordo

Esta ferramenta funciona como uma simulação de um diário, em que o aluno possa entrar com a anotação que desejar sobre qualquer parte do curso. Dependendo dos recursos de programação e do banco de dados utilizados, o aluno poderá acrescentar vídeos, sons ou imagens.

O diário de bordo é um espaço de registro reflexivo que contribui para que o aluno possa discorrer a respeito de seu percurso acadêmico durante a realização de um curso. Aqui, os alunos podem refletir sobre o conteúdo buscando estabelecer relação com as suas vivências cotidianas. Para isso, os registros do diário podem ser orientados, ou seja, o conteudista elabora as questões a serem refletidas e respondidas no referido diário.

Não podemos deixar de registrar que, muitas vezes, há uma tendência de fazer do diário de bordo um espaço de descrição de ações desenvolvidas em um curso a distância, sem se voltar para a reflexão relacionada ao conteúdo temático. Quando usado dessa forma, há o entendimento de que a função do diário é somente registrar informações e não construir conhecimento.

Não se esqueça de que essa é uma ferramenta tecnológica de uso de cada aluno com acesso apenas do professor. Significa, dessa forma, que aos alunos não é garantido o direito de ver anotações uns dos outros.

Portfólio

O portfólio de um curso a distância é o conjunto de todas as atividades ou, pelo menos, de parte das atividades realizadas pelos alunos durante um curso. A utilização do portfólio se dá quando o professor/tutor tem a intenção de verificar e/ou avaliar o percurso do aluno e sua evolução, uma vez que nele é possível publicar textos, vídeos, imagens, gráficos e outros materiais produzidos em todas as etapas do curso.

A plataforma do curso pode ser programada de forma que o portfólio possa ser organizado tanto individualmente quanto em grupo. Ao mesmo tempo, pode ser compartilhado apenas pelo professor/tutor ou por ele e todos os alunos da turma. Nas duas situações, o professor/tutor tem permissão para fazer comentários.

O portfólio na EaD é uma excelente estratégia para que o aluno possa desenvolver o pensamento reflexivo. Os registros que ele faz, documenta e publica no AVA do curso se constituem em um instrumento de avaliação do progresso, mas também de autoavaliação do aluno.

É importante que você lembre que o portfólio pode contribuir para melhorar aspectos da reflexão. Por exemplo, um deles é o elemento cognitivo da reflexão que está ligado diretamente à capacidade de síntese das informações. O aprimoramento dessa capacidade pode se dar a partir do exercício de síntese que é constantemente feito na organização de um portfólio. O segundo aspecto da reflexão diz respeito ao elemento socioemocional da reflexão que se refere à melhoria da autoestima quando o aluno percebe seu progresso no percurso de sua aprendizagem. E o terceiro aspecto, que é o elemento moral da reflexão, se verifica quando o aluno, a partir do que vê e analisa, por exemplo, pode melhorar sua visão de mundo (ALVARENGA; ARAÚJO, 2006).

Por isso, quando o conteudista propõe o uso de portfólio em cursos a distância, ele necessita direcionar as orientações da produção pelo aluno de forma que realce o desenvolvimento do pensamento reflexivo. É fundamental que ele aprenda a analisar as questões (ou situações) propostas de forma crítica, a ver além do que está posto para ele, de prestar atenção naquilo que está subtendido.

Wiki

O *wiki* é uma ferramenta assíncrona de construção de conhecimento colaborativo utilizada na EaD. Sua utilidade principal se dá pelo fato de oportunizar a construção coletiva do conhecimento, permitindo que uns aprendam com os outros, inclusive com os erros, uma vez que todas as versões do texto produzido ficam armazenadas.

Nos AVA de cursos a distância, normalmente é uma ferramenta disponível para desenvolvimento de atividades. Com ele, um grupo de alunos produz coletivamente um texto, que pode ser desde um texto simples ou complexo (com gráficos e tabelas, por exemplo).

No grupo de alunos que elaboram o *wiki* não é necessária a existência de um moderador, uma vez que toda alteração feita no texto produzido pelos alunos é publicada diretamente no curso.

Como podemos perceber, o *wiki* faz uso de um sistema de controle de versões publicadas, que permite ao grupo restaurar uma versão anterior no momento que desejar. Especificamente, em um curso a distancia, o *wiki* é organizado de forma que o professor/tutor identifique qual foi o comentário feito no texto por cada um dos alunos do grupo e em cada momento específico. Essa estratégia é interessante tanto para o aluno ao possibilitar a construção coletiva do conhecimento, como também por possibilitar ao professor/tutor avaliar o aluno individualmente ou o grupo como um todo.

Não se esqueça de que, em um curso a distância, é normal ter um controle dos participantes do *wiki*, já que trata de tema específico e direcionado para um público específico: os alunos de um determinado curso. Ou seja, somente os alunos e o professor/tutor do curso devem ter acesso para alterar o conteúdo da página.

Enfim, reafirmamos que o *wiki* se constitui em uma rica estratégia de aprendizagem, podendo ser até mais rico do que os fóruns e *chats*, por permitir que os alunos possam criar um texto, avaliá-lo e refazê-lo. Ao funcionar dessa forma, o *wiki* possibilita que os textos produzidos sejam visitados, revisados e refeitos, contribuindo para acompanhar o progresso dos alunos (ASSIS; SILVA, 2013).

Guia de estudo

Fundamental ao material didático dos cursos a distância, o guia de estudo tem como propósito orientar a aprendizagem. Normalmente apresenta, em linhas gerais, o curso, destacando o que será estudado em cada unidade de ensino, traz dicas para o estudo, indica outras leituras, sugere a utilização de outras mídias, orienta a realização das atividades, explica como vai se dar a avaliação, entre outros.

Além disso, quando o material didático indica, por exemplo, livros a serem estudados dentro da temática do curso, é fundamental que o guia de estudo traga as orientações para estudo, inclusive apresentando questionamentos nos quais o aluno possa estabelecer relações com as ideias principais do livro e o material didático que o aluno já vem utilizando no curso. O foco do guia de estudo deve ser favorecer a compreensão dos temas abordados no conteúdo e o desenvolvimento das atividades. A utilização do guia de estudos é necessária em qualquer tipo de curso a distância – sejam aqueles que utilizam material impresso, sejam com material on-line. Existe uma prática de distribuição do guia de estudo no formato impresso, porém nos cursos on-line, ele pode estar disponível no AVA do curso.

O guia de estudo é indispensável à EaD, especialmente pelo fato de não existir a relação face a face entre professor/tutor e alunos. Moore e Kearsley (2007) ressaltam a relevância do guia, considerando que ao faltar as explicações do professor/tutor – que são habituais na educação presencial –, o guia de estudos auxilia a aprendizagem. Quando o material didático apresenta conceitos difíceis de serem compreendidos, o guia pode trazer estratégias que facilitem a compreensão de tais conceitos, por exemplo, ou também a formulação de perguntas que conduzam os alunos a compreenderem tais conceitos.

É importante que você compreenda que o papel do guia de estudo não é informar a respeito do curso, mas orientar a aprendizagem. Por isso, ele exige muito cuidado em sua elaboração, para que o aluno não tenha prejuízos em sua aprendizagem ao consultá-lo.

Livro-texto

Utilizado no processo ensino-aprendizagem de cursos a distância, o livro-texto contém o conteúdo do curso. Cada instituição de ensino pode decidir como organizará o livro-texto. Nele podem vir ou não as atividades; ser ou não organizado por unidades ou módulos, ser utilizado em cursos presenciais, entre outros.

Apesar da rapidez com que as TIC vêm se desenvolvendo nos últimos anos, o livro-texto ainda tem grande relevância na EaD, principalmente porque em várias localidades do Brasil afora, há sérios problemas de conexão de internet, inviabilizando, muitas vezes, o acesso ao curso. Além disso, é um tipo de material de fácil manuseio. Porém, no atual contexto em que é possível o uso de diferentes TIC nas atividades pedagógicas, o livro-texto é usado na EaD de forma conjugada com outras mídias como vídeos, a internet no caso dos cursos disponibilizados em AVA ou mesmo as indicações de leituras de outros textos acessados na internet. Por exemplo, muitas instituições de ensino que utilizam os AVA para realizar seus cursos também distribuem aos alunos o livro-texto.

Na elaboração do livro-texto, para facilitar a aprendizagem do aluno, o conteudista pode sinalizar, ao longo do texto, os procedimentos que o aluno deve adotar. Esses sinalizadores se referem ao retorno a pontos anteriores já estudados ou aqueles que virão a seguir; a *links* com outros textos; indicação de outras leituras (complementares); aqueles que levam o aluno a tópicos da temática discutida, entre outros. Além disso, outra possibilidade de auxiliar a aprendizagem do aluno é a forma como organiza a unidade de ensino utilizando títulos e subtítulos que deixem claro o que encontrará no texto, destacando informações relevantes etc. (Franco, 2007).

Vídeos

Dentre as diferentes estratégias pedagógicas e tecnológicas na EaD, temos o uso do vídeo. Esse uso de vídeos tem se dado mais como material complementar para a ampliação dos estudos e realização de atividades de aprendizagem. A possibilidade de uso de TIC que propiciem a ampliação e a diversificação da interação entre professor/tutor e aluno favorece o processo ensino-aprendizagem nos cursos a distância.

Existem diferentes formas de utilizar vídeos com a intenção de auxiliar o processo de aprendizagem dos alunos em relação a um conteúdo temático que está sendo estudado. Por exemplo, pode ser utilizado um vídeo para introduzir um tema específico; ajudar os alunos a compreenderem temas complexos; esclarecer um determinado conceito; mostrar imagens de realidades diferentes para que o aluno possa fazer comparações, confrontá-las; expor fatos históricos relacionados com o tema abordado no conteúdo para que o aluno possa estabelecer relações com os diferentes contextos ou analisar aspectos vistos no vídeo; aprofundar o tema estudado;

Capítulo 2 – Formatos de cursos a distância e estratégias pedagógicas

apresentar situações reais para que o aluno possa relacioná-la com os conceitos abordados em algum momento da unidade de ensino, entre muitos outros.

Há diversas possibilidades de uso do vídeo nas práticas pedagógicas da EaD. Porém, queremos ressaltar que tais vídeos não são produzidos, necessariamente, com fins educativos. O que se leva em conta é o **tratamento pedagógico** que é dado ao escolher determinado vídeo para ser utilizado com fins didáticos na EaD e não a produção já direcionada para a educação.

É necessário que você compreenda que há vídeos produzidos especificamente para cursos a distância, porém com função diferente das já apresentadas aqui. Podemos citar como exemplo os cursos de língua estrangeira, desenvolvidos a distância. Pela própria especificidade do curso, é vantajoso que seja feito uso de vídeos, já que não só contempla a imagem, mas também o áudio – extremamente importante em cursos dessa natureza. Outro exemplo são aqueles vídeos que apresentam a unidade de ensino de um determinado curso.

Embora seja mais utilizado como material didático complementar para outros materiais, o vídeo ainda é bastante utilizado na EaD, principalmente com a internet que possibilita a convergência de mídias. O mais importante nesse contexto são as diferentes estratégias que podem ser utilizadas em prol da aprendizagem dos alunos.

Glossário

Convergência de mídias – Uso que se faz da internet como suporte para outras mídias.

Estratégias cognitivas – Possibilidades (ou recursos) utilizadas pelo professor com o propósito de que os alunos construam conhecimento.

Interface – Presença de ferramentas para uso e movimento de qualquer sistema de informações, podendo ser ele material ou virtual. É um conjunto de meios físicos ou lógicos com vistas a fazer adaptação entre dois sistemas para se obter determinado fim, ou seja, um sistema com as características dos outros dois.

Linearidade – É tudo aquilo que segue uma lógica. A linearidade do texto nos obriga a ter uma leitura direcionada, sem pular palavras, do contrário, perde-se informação.

Memoriais reflexivos – Instrumentos utilizados para sistematizar a reflexão que cada estudante deve fazer a respeito de diferentes atividades. Por exemplo, o aluno faz um estágio supervisionado e escreve o memorial de todas as ações desenvolvidas, e o que aprendeu a partir de tudo que vivenciou.

Plataformas virtuais – Tecnologia utilizada para a criação e desenvolvimento de cursos a distância que se encontram disponíveis na internet, com o propósito de melhorar o ensino e a aprendizagem.

Programação visual – Conjunto de técnicas que possibilita ordenar a forma pela qual se faz a comunicação visual. Em um curso a distância, está relacionada ao que define os aspectos visuais do material didático, por exemplo.

Quiz – Questionários que objetivam fazer uma avaliação de uma quantidade grande de pessoas, com respostas que podem ser do tipo "certo" ou "errado", objetivando um resultado geral.

Tratamento pedagógico – Tratamento dado às informações disponíveis em um material de ensino. Por exemplo, o conteudista de um material didático propõe algumas estratégias pedagógicas (questões reflexivas, situações-problemas etc.) para que o aluno possa aprender, a partir de tais informações.

CAPÍTULO 3
O DESIGN INSTRUCIONAL DE UM CURSO A DISTÂNCIA

1. Introdução, 52

2. Design instrucional: conceituação, origem e fases, 52

3. Modelos de design instrucional utilizados na EaD, 56

4. O papel do designer instrucional na elaboração de cursos a distância, 58

5. Os recursos de design, 60

6. O mapa de atividades, 60

7. O *storyboard*, 62

8. Prática do design instrucional: o planejamento de um curso a distância, 64

Glossário, 70

1. Introdução

O rápido desenvolvimento das tecnologias de informação e de comunicação nos últimos anos favoreceu a expansão da EaD, ampliando novos horizontes não só no acesso aos cursos, mas na diversidade de cursos, no que se refere tanto à temática, quanto à forma de utilização: totalmente a distância ou oferecidos de forma híbrida. A partir daí, novas formas de aprendizagem passaram a ser propostas através da EaD, de modo a oportunizar a uma infinidade de pessoas frequentar o ensino superior ou participar de cursos para melhorar sua atividade profissional – o que antes não era viável. Especialmente pela flexibilidade do tempo e do espaço, a EaD permite aos indivíduos ter acesso a cursos, desde os de extensão até cursos de pós-graduação.

É importante que se saiba que o planejamento e a elaboração de cursos na modalidade a distância não se constituem em uma tarefa simples. É preciso ter cuidado com determinadas escolhas para fazer que um curso esteja pronto e disponível àqueles que se interessem. Essas escolhas passam pelo formato do curso; pela concepção de educação, de EaD e de aprendizagem que permeia o curso; pelos objetivos que se pretendem atingir; pelas estratégias pedagógicas que contribuirão no processo de aprendizagem dos alunos; pelos instrumentos de avaliação que serão utilizados; e pelo ambiente virtual em que o curso estará disponível, para fazer bom uso de todas as ferramentas com a intenção de potencializar ao máximo o design instrucional do curso.

Na EaD, para a elaboração e implementação dos cursos, é necessária a organização de uma equipe de profissionais com formações diferentes, para poder dar conta das tarefas que uma ação dessa natureza exige. O designer instrucional é um desses profissionais, pois sua função na equipe multidisciplinar é decisiva para a atuação dos demais profissionais que compõem a referida equipe, no sentido de fazerem as melhores escolhas para que um determinado curso seja de qualidade, para que os alunos se sintam motivados a frequentá-lo, instigados a permanecerem no curso.

Fica evidente que a preocupação não deve ser com a oferta de uma infinidade de cursos, mas com a qualidade dos cursos. Nesse sentido, o design instrucional do curso a distância exige atenção extrema, principalmente pelo que representa no processo ensino-aprendizagem da EaD.

2. Design instrucional: conceituação, origem e fases

O que é possível saber a respeito do design instrucional de um curso a distância?

O design instrucional diz respeito à ação voltada para o ensino que contempla a elaboração de planejamento, desenvolvimento, implementação e avaliação com a intenção de promover a aprendizagem. Para Filatro (2008), essa ação é intencional e exige organização de modo que seu desdobramento se dê de forma sistemática. Por exemplo, são definidas as concepções de educação e aprendizagem que nortearão um determinado curso a distância, os recursos envolvidos, as estratégias pedagógicas, o conteúdo e os objetivos, a caracterização do ambiente virtual, as situações pedagógicas (entre outros),  tudo isso com o propósito de facilitar a aprendizagem. Ou seja, este é um processo que intenciona encontrar um problema relacionado à aprendizagem e busca planejar, desenvolver e avaliar a ação proposta para resolver o problema.

Há diversas versões a respeito da definição de design instrucional, porém, para facilitar sua compreensão, podemos compreender primeiro os dois termos separadamente. Ou seja, o termo design está relacionado ao resultado de um processo ou de uma atividade cujos objetivos estão bem definidos (um produto). Já o termo instrução se refere à atividade de ensino na qual utilizamos a comunicação para favorecer a aprendizagem (FILATRO, 2008).

Tratar da origem do termo "design instrucional" nos leva a tempos passados, especificamente à Segunda Guerra Mundial, pois naquela época foi preciso realizar o treinamento de inúmeros recrutas para que aprendessem o manejo de armamentos de guerra poderosos, os quais exigiam controle e técnica. Foi nesse contexto que educadores e psicólogos norte-americanos foram chamados a produzirem materiais que fossem utilizados para treinar os recrutas. Após a vitória dos norte-americanos, buscou-se trazer essa abordagem de ensino e a gestão de projetos para serem aplicados como soluções de problemas educacionais de grande escala (DIAS; RODRIGUES; RODRIGUES, 2014).

No Brasil, com o surgimento da internet, abriram-se novas possibilidades para o ensino a distância, a partir do momento que se passa a utilizar tecnologias de grande alcance, atingindo as pessoas nos quatro cantos do país. Com isso, novas possibilidades para o ensino e a aprendizagem foram se desenhando. Para Filatro (2008), é nesse contexto, em que as tecnologias trazem novas possibilidades para o desenvolvimento de ações educacionais, especialmente, trazendo novas estratégias para promover a aprendizagem, que se redescobre o design instrucional.

Assim, as TIC favorecem o surgimento de uma nova configuração para a EaD, principalmente com a criação dos ambientes virtuais de aprendizagem. Com esses ambientes, mudam o processo de interação, a forma como se discutem os conteúdos temáticos, o modo como se dão as relações entre professor/tutor e alunos, alunos e alunos, a forma como a avaliação é desenvolvida; enfim, alteram os modos de ensinar e algumas estratégias que contribuem para o aluno aprender. Esse é o novo cenário que vem se desenvolvendo, porém não significa que seja uma prática comum em todos os cursos a distância, pois muitos deles ainda conservam e adotam a **concepção tradicional** de educação, em que o professor é aquele que ensina e o aluno, o sujeito que aprende.

Assim, ao pensarmos no design instrucional de um curso a distância, é preciso pensar, por exemplo, como o conteúdo vai estar organizado de forma a contemplar a criatividade, a criticidade, a abrangência, a colaboração, a construção coletiva do conhecimento, a construção da autonomia do aluno a partir do que é proposto, pensando sempre em atender diferentes **estilos de aprendizagem**.

PARA SABER MAIS! Para aprofundamento da discussão, leia o texto "O Design como mecanismo facilitador da aprendizagem na EaD". Dissertação de mestrado. Universidade Federal da Paraíba. 2011. Disponível em: <http://bdtd.biblioteca.ufpb.br/tde_arquivos/12/TDE-2011-07-25T110024Z-1092/Publico/arquivototal.pdf>. Acesso em: 2 abr. 2015.

As fases do design instrucional, de acordo com as propostas de Filatro (2008), são a análise, o planejamento, o desenvolvimento, a implementação e a avaliação de um curso, seguindo o modelo de ADDIE: Analysis (Análise), Design (Desenho), Development (Desenvolvimento), Implementation (Implantação), Evaluation (Avaliação).

A análise é a primeira fase do design instrucional. Ela serve de referência para as demais fases. Ao identificar o problema educacional, o designer instrucional identifica o contexto da aprendizagem – infraestrutura tecnológica, recursos financeiros disponíveis, políticas organizacionais, cultura local etc. – e o público, ou seja, analisa as características cognitivas dos alunos, seus conhecimentos prévios, suas habilidades, características sociais e motivacionais, entre outros, além das metas e dos objetivos da aprendizagem. Nesse momento, também é necessário conhecer a instituição de ensino, os recursos disponíveis – materiais e humanos –, os prazos, entre outros. Ou seja, o designer instrucional analisa as origens do problema e as possíveis soluções.

A segunda fase é o design ou o planejamento. Essa fase está relacionada ao planejamento ou à estruturação do projeto educacional.

Nesse momento, são definidas as estratégias que levem a atingir os objetivos da aprendizagem, detalha-se a forma de organização dos conteúdos, selecionam-se

as mídias, escolhem-se os métodos de ensino e faz-se a descrição do público a ser atingido.

O desenvolvimento é a terceira fase do design instrucional. É nessa fase que se desenvolvem a produção e adaptação dos recursos e os diferentes materiais didáticos propostos para o curso na segunda fase. Esses materiais podem ser os impressos e os digitais. Além disso, é nessa fase que se organiza o ambiente virtual de aprendizagem de acordo com a concepção pedagógica do curso e seus propósitos. Há instituições de ensino nas quais existe apenas uma equipe para essa demanda. Porém, quando não há, é preciso a contratação de terceiros.

A quarta fase é a da implementação. Nesse momento são feitos testes de **validação de material**. Os testes ocorrem com um grupo menor de alunos antes de começar efetivamente o curso, e a intenção de realizar esses testes é fazer ajustes no material antes de ofertar o curso para um grande contingente de pessoas. Após o material ser validado, é feita a sua implantação.

A quinta e última etapa é a da avaliação do design instrucional. Ela se dá durante todas as fases, mas também após a implementação. A avaliação formativa é a que está presente em cada fase do Modelo ADDIE. Durante essa fase, podem ser necessárias algumas revisões, já que nesse momento os resultados da instrução serão analisados de acordo com os objetivos preestabelecidos. Nessa etapa, a avaliação ocorre tanto em função da solução educacional como em relação aos resultados da aprendizagem. Por isso, ela começa logo no diagnóstico que é feito no início do planejamento. A autora ainda destaca que a concepção de avaliação adotada está interligada à concepção pedagógica definida para o curso.

Podemos dizer que o Modelo ADDIE é bastante utilizado no design instrucional. As três primeiras fases dizem respeito à concepção do design instrucional e as duas últimas, à execução.

PARA SABER MAIS! Para aprofundamento da discussão, leia o texto "Contribuições do learning design para o design instrucional". Disponível em: <http://www.abed.org.br/congresso2009/CD/trabalhos/1352009130007.pdf>. Acesso em: 31 mar. 2015.

3. Modelos de design instrucional utilizados na EaD

Considerando a realidade brasileira, caracterizada por uma extensão territorial ampla, em que os contextos são bastante diversificados e o acesso às tecnologias interativas nem sempre se dá da mesma forma e, consequentemente, as realidades educacionais também diferem umas das outras, não é possível utilizar o mesmo modelo de design instrucional para todos os cursos ofertados na EaD.

Filatro (2008) apresenta três modelos de design instrucional: fixo, aberto e contextualizado.

Design instrucional fixo

É um modelo de design que apresenta uma estrutura rígida que, depois de pronta, pode ser alterada, com atividades prefixadas e recursos repetitivos, a interação se apresenta de modo frágil, sem muita abertura para que o aluno possa participar ativamente da construção colaborativa do conhecimento. Por sua natureza, se configura em um modelo fechado porque contempla o planejamento detalhado e a produção de todos os elementos que compõem o design instrucional, antes mesmo do início do curso. A ênfase está, aqui, na boa estruturação dos conteúdos e na escolha das mídias a serem utilizadas. Cursos organizados nesse modelo, normalmente, não dispõem de um professor/tutor que colaborará para a aprendizagem dos alunos e, em sua maioria, esses cursos buscam atingir um grande contingente de participantes.

O modelo de design fixo apresenta como característica mais relevante a separação completa entre as fases de concepção do curso e a fase de execução. Nesse modelo, tudo que se refere aos conteúdos de aprendizagem, às regras de estruturação e às formas em que as interações entre professor/tutor e alunos ou entre alunos e alunos é considerado antes do início do curso, sem abertura para alterações no decorrer do curso. Ou seja, o resultado de tudo isso são conteúdos estruturados, produtos fechados e mídias específicas, além de *feedbacks* **automatizados**.

Design instrucional aberto

Esse modelo apresenta flexibilidade em sua organização com atividades mais dinâmicas e prioriza a construção colaborativa e coletiva do conhecimento em busca de uma aprendizagem efetiva.

Esse modelo de design também é conhecido como **modelo bricolagem**, pois é dessa maneira que muitos denominam o design instrucional aberto. Sua ênfase está nos processos de aprendizagem e não nos produtos. Assim, todos os aspectos que envolvem esse tipo de design em um curso a distância são criados, aprimorados e alterados durante a execução do curso.

Nesse modelo – usado para cursos on-line – o designer instrucional inicia seu trabalho começando pelo ambiente virtual de aprendizagem, já que ele tem a liberdade de redefinir todas as opções preconfiguradas e faz adaptações no decorrer do curso tendo por base o *feedback* dos alunos. No design aberto, o tempo destinado ao design e desenvolvimento do curso é menor por essas fases se darem muito mais rapidamente e com poucos detalhes, já que tudo o que os alunos produzem (a partir das atividades) é considerado conteúdo do curso tanto quanto os recursos de terceiros.

Esse tipo de design instrucional traz um ambiente com menos recursos, enfatizando o uso de *links* que levam os alunos a outros textos. Não há um uso sofisticado de mídias, uma vez que os prazos são extensos e os custos da produção são altos. A vantagem é que esse tipo de design considera como essenciais a **personalização** e a contextualização. Esse design requer a participação de professor/tutor por meio de interações constantes, colaborando com a aprendizagem dos alunos tanto no atendimento individualizado quanto em atividades coletivas.

Design instrucional contextualizado

Esse tipo de design instrucional está presente em cursos de instituições de ensino que usam com mais intensidade as tecnologias, de modo específico, as ferramentas próprias da internet. Ele é baseado em um modelo de aprendizado imersivo, o qual enfatiza que todo o conteúdo do curso é publicado na internet e pode ser acessado, também, por banda larga e tecnologias móveis.

O design instrucional contextualizado procura estabelecer o equilíbrio entre a automação dos processos de planejamento e a personalização e contextualização em uma determinada situação didática. Ele se aproxima bem mais do design instrucional aberto já que privilegia a atividade humana, no entanto é possível utilizar unidades fixas e pré-programadas.

Nesse design, o designer instrucional gera uma base para o processo ensino-aprendizagem, porém não dá para considerar como o processo ensino-aprendizagem em si. A implementação de um curso a distância, por exemplo, exige conviver com incertezas, muitas vezes é preciso agir de forma individual e estar preparado para reagir às influências do contexto.

Outro aspecto que chama a atenção no design contextualizado é que as fases de design e desenvolvimento são bem mais rápidas e menos detalhadas, diferente das fases de implementação e avaliação, uma vez que estas são muito mais longas, em que se pode prever a possibilidade de se alterar o design durante a execução da situação didática. Aqui, a interação entre professor/tutor e alunos ou os alunos entre si tem um valor inestimável, o que favorece mudanças no percurso.

PARA SABER MAIS! Para aprofundamento da discussão, leia o texto "Design instrucional: aplicabilidade dos desenhos pedagógicos na EaD on-line". Disponível em: <http://www.abed.org.br/congresso2009/CD/trabalhos/1352009130007.pdf>. Acesso em: 3 abr. 2015.

4. O papel do designer instrucional na elaboração de cursos a distância

O profissional responsável pelo design instrucional é o designer instrucional. Na EaD, ele é responsável por planejamento, coordenação, implementação e avaliação dos cursos. É aquele sujeito que cuida de todo o direcionamento dos aspectos que envolvem a elaboração de um determinado curso. É também ele quem organiza as equipes de trabalho e acompanha o trabalho de cada indivíduo envolvido com os cursos.

É necessário que se saiba que a função desse profissional é muito ampla, por isso, ele precisa ter domínio de todas as questões que permeiam um curso a distância, como: organizar as equipes de trabalho e as supervisionar; definir quem são os possíveis alunos do curso; fazer o mapeamento do conteúdo, sua estruturação, optando por módulos de ensino ou unidades, seções e subseções; selecionar o referencial teórico do curso, detalhar como vai ser o ambiente virtual de aprendizagem e, se necessário, fazer adaptações; propor o roteiro do material didático; elaborar o *storyboard*; selecionar as mídias, bem como as estratégias de comunicação e de interação; selecionar as atividades; estruturar os tempos pedagógicos; planejar e organizar reuniões com as equipes de trabalho; definir os processos de avaliação, entre outros.

Ou seja, ele é o profissional que pensa didaticamente como o conteúdo deve ser organizado de maneira que facilite o estudo pelo aluno, considerando os estilos de aprendizagem e que favoreça ao aluno progredir ou ainda revisar o conteúdo, com liberdade em determinado módulo ou unidade do curso, ou de modo totalmente livre (Filatro, 2008).

Em suas atividades relacionadas à implementação do projeto pedagógico, ele deve acompanhar o trabalho do professor/tutor, propondo direcionamentos para que os alunos possam progredir em sua aprendizagem. Compete ao designer, ainda, orientar a produção do material instrucional, atentando-se para os aspectos gráficos e didáticos, e do material complementar, como vídeos, tutoriais, produções fotográficas. Enfim, ele responde por tudo isso com o objetivo de melhorar o processo de aprendizagem dos alunos em um curso a distância.

Ao avaliar o desenvolvimento do projeto instrucional/pedagógico de um determinado curso a distância, por exemplo, o designer elabora os instrumentos de avaliação e os aplica, e ao detectar eventuais problemas educacionais, apresenta soluções com base na concepção de avaliação definida para o curso e nos princípios definidos para norteá-lo.

Suas atribuições contemplam três áreas do conhecimento, responsáveis por fundamentar o design instrucional, a saber: ciências humanas, ciências da informação e ciências da administração. Para que essas competências sejam desenvolvidas, é necessário participar de uma formação interdisciplinar aliada à experiência cotidiana (FILATRO, 2008).

A pergunta que se faz é como esse profissional dá conta de tantas atribuições. É difícil mesmo imaginar, pois suas funções são bastante complexas e diversificadas. Exatamente por isso, sua formação deve ser ampla para poder dar conta de tudo o que compete a ele.

O papel do designer instrucional é estratégico na equipe multidisciplinar, principalmente porque cabe a ele o gerenciamento do processo de comunicação entre todos os envolvidos em um curso a distância. Porém, é bom que se saiba que nem todas as pessoas que lidam com a EaD compreendem a tamanha responsabilidade desse profissional e sua importância no planejamento e implementação do design instrucional dos cursos a distância.

5. Os recursos de design

O designer instrucional dispõe de dois recursos que os auxiliam na execução de sua função na equipe multidisciplinar: o mapa de atividades e o *storyboard*. Veremos, separadamente, cada um deles.

6. O mapa de atividades

Este recurso é utilizado na fase de planejamento do curso. Nele há a descrição da organização das aulas, inclusive as atividades teóricas e as práticas. Quanto à forma, um mapa de atividades é organizado em um quadro com linhas e colunas. O objetivo principal desse mapa é apresentar um panorama geral de como o curso está estruturado (CHAQUIME; FIGUEIREDO, 2013).

O mapa de atividades é organizado em seis colunas. A primeira coluna é denominada de "aula/semana" (período) e apresenta a estrutura em que os temas da disciplina ou curso serão divididos, se por aulas, módulos ou tópicos, e que serão disponibilizados no AVA. Nessa coluna, é definido também o período em que as

atividades de cada aula ficarão disponíveis para os alunos. A definição do período é importante, pois é preciso que o aluno possa se organizar para realizar os estudos, desenvolver as atividades e entregá-las para que sejam avaliadas.

Já a segunda coluna apresenta as unidades ou temas principais que serão desenvolvidos nas aulas. Na terceira coluna, são especificadas as subunidades ou subtemas, ou seja, são os tópicos do tema principal – os pontos específicos a serem tratados. Porém, quando o tema principal tem apenas um único tópico, esse campo é desconsiderado. Na quarta coluna, são definidos os propósitos educacionais de cada aula e das atividades que serão planejadas no mapa. É necessário não se esquecer de que os objetivos devem ser elaborados sempre enfocando o que o aluno será capaz de realizar, e não o que pretende o professor. Na quinta coluna, são colocadas as atividades referentes à apresentação do conteúdo que podem ser textos, vídeos, animações etc. Essas atividades devem ser referentes ao conteúdo principal da aula e não aos conteúdos complementares. Enfim, na sexta coluna, são informadas as atividades que exigem mais ação dos alunos, como os trabalhos individuais ou em grupos, os exercícios, as discussões em fóruns etc. É importante não se esquecer de colocar os recursos (ou mídia que o aluno vai acessar para poder realizar a atividade) e as ferramentas do AVA que serão aplicadas em cada atividade, além de informar se a atividade será avaliada e, nesse caso, precisa definir o valor/peso da atividade. Por exemplo, se for solicitado ao aluno entregar o trabalho, é preciso também informar a ele o tipo de arquivo em que será disponibilizado e em qual ferramenta.

Para compreender melhor a questão dos recursos e ferramentas que aparecem nas colunas referentes às atividades, apresentamos alguns exemplos: o conteúdo será disponibilizado em forma de um Hipertexto (este é o recurso) em Leituras (esta é a ferramenta); ou no Livro Digital (que é um recurso) em Material de Apoio (que é uma ferramenta) etc. Todas essas informações facilitam e agilizam as ações da equipe de suporte técnico do AVA, se ocorrer algum problema com o material digital disponibilizado.

Segue uma demonstração do mapa de atividades para melhor compreendê-lo. Citaremos o exemplo de apenas uma aula de um curso – disponibilizado em AVA – contemplando, no entanto, todas as aulas do curso.

Quadro 1 – Mapa de atividades elaborado para este material didático

Aula/ Semana (período)	Unidade (Tema principal)	Subunidades (Subtemas)	Objetivos específicos	Atividades teóricas e recursos - ferramentas de EaD	Atividades práticas e recursos - ferramentas de EaD
Aula nº 1 17/04 a 22/04	Metodologia para a educação a distância	1. Concepções epistemológicas 2. Ambiente virtual de aprendizagem	1. Identificar as principais concepções 2. Compreender como se dá a organização de um ambiente virtual de aprendizagem	Atividade 1: Leitura do texto "Metodologia para a educação a distância no contexto das comunidades virtuais de aprendizagem" Ferramenta: Material de apoio Recurso: Link da web	Atividade 2: Fórum de discussão: "Comunidades virtuais de aprendizagem na EaD" Ferramenta: Fórum de discussão Avaliativa: não Duração: 19/04 a 22/04 Atividade 3: Pesquisa na internet sobre "Os ambientes virtuais de aprendizagem na EaD". Ferramenta: Portfólio Recurso: Link da web Avaliativa: sim Valor/peso: 5 pontos Duração: 3 dias

7. O *storyboard*

O *storyboard* (ou roteiro) é outro recurso muito utilizado pelo designer instrucional. É o instrumento que apresenta orientações a respeito do desenvolvimento de um curso a distância por uma equipe multidisciplinar, com o objetivo de facilitar a comunicação do designer instrucional com os vários membros da equipe (conteudistas, equipe de produção e alunos). Esse é um roteiro desenhado em quadros para auxiliar no esclarecimento de dúvidas, na orientação e na tomada de decisão da equipe multidisciplinar (CHAQUIME; FIGUEIREDO, 2013). Sua principal característica é apresentar à equipe o **protótipo do curso**, de forma mais visual, trazendo descrições técnicas do que será produzido.

Vejamos agora alguns elementos necessários à construção de um *storyboard*: área de conteúdo, área de orientação para a produção e sequência do conteúdo.

Na área de conteúdo, serão apresentados todos os elementos de interface e design do curso, como fonte a ser utilizada, os botões de navegação, o *layout*, as informações de navegação – que indicam ao aluno o que fazer em cada situação –, a diagramação das imagens, textos, animações, áudio etc. Nessa área, também são descritos a data e versão do *storyboard*, o responsável, o nome do curso etc.

É importante compreender que, para a página não ficar com muitas informações, é preciso descrever o passo a passo de como a página do curso on-line se organiza, quando for, de fato, ser produzida.

Já na área de orientação para a produção, serão colocadas as informações para a equipe de arte (*web designer* e ilustradores) e programação a respeito da funcionalidade da página. Em outras palavras, é preciso ficar claro de que forma os recursos visuais postos na área de conteúdo irão interagir. Aqui, é necessário ser o mais objetivo possível, informando exatamente o que será feito. Quanto mais clareza e objetividade neste campo, melhor para o resultado do projeto do curso. Se o designer perceber que a descrição da filmagem de cena está muito longa, por exemplo, apenas coloque que o profissional responsável fale com ele, quando nesse ponto.

No campo de sequência do conteúdo serão descritos a estrutura do curso, utilizando o título da página ao qual se refere.

Vamos ver agora um exemplo de uma página do *storyboard*.

Quadro 2 – Exemplo de uma página do *storyboard*

Título: _____ Designer instrucional: _____	Nº da tela: 1 Data: 30/03/2015	Informações para a equipe de produção
Nome do curso Inserir texto de apresentação que será enviado pelo conteudista Inserir imagem 1 e torná-la um botão de navegação para a tela 1A Inserir imagem 2 e torná-la um botão de navegação para a tela 1B Inserir botão de navegação para encerrar		**Conteudista**: enviar o nome do curso, o texto de apresentação e as imagens que serão inseridas na tela de apresentação. **Revisor**: fazer correção ortográfica e verificar a coerência e a coesão textual. Em seguida, devolver o texto ao conteudista para apreciação. **Designer gráfico**: escolher um plano de fundo com cores neutras. Organizar a tela de modo que o nome do curso esteja centralizado acima. O texto de apresentação deverá estar no centro da tela e as imagens uma ao lado da outra, abaixo do texto.

8. Prática do design instrucional: o planejamento de um curso a distância

Daremos, agora, atenção especial ao planejamento do design instrucional de um curso a distância.

Sem dúvida alguma, toda ação educacional deve ser planejada, por isso, o processo ensino-aprendizagem é uma ação que exige planejamento. Assim, pelo que vimos até agora sobre design instrucional, tudo o que se refere a ele é planejado detalhadamente.

É importante lembrar que elaboramos o planejamento de uma ação educacional, mas nunca podemos dizer que ele está totalmente pronto: está sempre em construção.

Vamos tratar das fases do planejamento pedagógico de um curso a distância a partir das discussões feitas por Clementino (2012) sobre esse assunto.

Análise contextual

Essa é a primeira etapa do planejamento. Podemos dizer que esse é o momento de levantamento de informações a respeito do contexto em que o curso será desenvolvido. Para Filatro (2008), é nessa etapa que se identificam as necessidades educacionais da instituição para a qual o curso está sendo criado, faz-se o levantamento do perfil dos alunos, entre outros. Tudo isso é necessário para apresentar soluções à situação conflituosa.

Ao realizar o planejamento pedagógico de um curso a distância, fundamentalmente, é necessário que o designer instrucional saiba quais concepções de educação e de EaD a instituição de ensino adota, pois disso resulta identificar suas expectativas para com o curso. Além do mais, outro aspecto importante nessa fase do planejamento é o conhecimento do perfil dos alunos, para facilitar ao designer entender as finalidades e objetivos do curso. Todas as decisões tomadas no momento de elaboração do planejamento estão pautadas pelas informações a respeito do perfil dos alunos.

Assim, é fundamental conhecer o contexto em que esses sujeitos estão inseridos, seus anseios e expectativas, seus interesses e necessidades, espaço onde vivem e o que esperam do curso. Quanto mais detalhadas forem as informações relacionadas ao perfil dos alunos, melhor será para o designer, já que elas vão ser úteis em todas as fases do planejamento. Embora seja nessa fase em que se realiza essa pesquisa, novas informações poderão surgir durante as outras fases, e que devem ser consideradas, já que é possível fazer alterações em qualquer fase do planejamento.

Escolha das mídias

Essa etapa do planejamento é decisiva para as próximas etapas, pois é nesse momento que é definida a forma como o curso vai se apresentar para os alunos. Assim, é definido o ambiente virtual e sua configuração para o curso, os vídeos que comporão o hipertexto, as **animações** (caso opte por utilizá-las). Nessa etapa, também se define se o material didático do curso será distribuído no formato impresso ou, ainda, em CD/DVD, *pen drive* etc. Como podemos perceber, nessa etapa, muitas decisões são tomadas e, a partir delas, decisões futuras serão também tomadas, pois dependemos das mídias para que o curso esteja disponível para os alunos, atendendo aos mais variados perfis.

Portanto, a escolha das mídias vai demandar ações específicas para o curso, começando pela produção do material didático. De acordo com cada mídia, é necessário que a abordagem de um mesmo conteúdo seja diferente. Não é possível dar o mesmo tratamento ao conteúdo do curso em diferentes mídias, porque cada uma delas possui linguagem específica, que é essencial ser considerada. Cada mídia apresenta potencialidades, mas também limitações; seu uso de forma complementar é que vai ser o grande diferencial para a qualidade do material. Outro ponto a ser levado em conta é a produção do material didático, pois, para cada mídia, exige-se um profissional com conhecimentos específicos para o tipo de material a ser produzido.

Sem dúvida, o trabalho do designer instrucional é muito grande, porém é preciso compreender que ele não precisa ser um especialista em mídias, já que na equipe que organizou para desenvolver o curso ele deve ter incluído profissionais com conhecimentos específicos nas mídias que serão selecionadas para o curso. Cada um desses profissionais, além de ter domínio da linguagem correspondente à mídia para a qual vai produzir o conteúdo, necessita ter conhecimento de suas potencialidades pedagógicas para explorar bem o material que vai produzir. Caso na equipe falte um profissional com conhecimentos específicos em uma mídia que foi selecionada para o curso, o designer instrucional pode contratar terceiros que tenham essas características.

Definição dos objetivos da aprendizagem

Esta etapa do planejamento é decisiva para um curso a distância, pois dela depende definir as finalidades do ensino com o propósito de contribuir para que os alunos construam conhecimentos. Para facilitar o trabalho do designer instrucional, nesse momento, ele se reporta às informações levantadas no início do planejamento do curso, pelas quais tomou conhecimento a respeito das características dos alunos que o curso vai atender e o contexto em que estão inseridos. Além disso, ele também vai considerar as escolhas feitas quanto às mídias a serem utilizadas no curso para poder definir os objetivos que evidenciarão o que se espera dos alunos, em termos de aprendizagem, em relação aos conteúdos propostos para o curso.

Não é possível o designer elaborar o planejamento pedagógico de um curso a distância sem considerar, ao definir os objetivos de aprendizagem para o curso, que eles vão influenciar diretamente as próximas etapas do planejamento – definição de conteúdos, estratégias pedagógicas e avaliação. Assim, a escolha de como determinados conceitos são abordados no conteúdo, ou a escolha de um tipo de atividade para determinado conteúdo vai depender dos objetivos que foram definidos para o curso. O mesmo pode se dar com a escolha da avaliação a ser realizada: a forma como ela vai acontecer está diretamente relacionada com os objetivos de aprendizagem.

Na definição dos objetivos, fundamentalmente, o designer deve levar em conta que eles são definidos considerando o desenvolvimento dos aspectos cognitivos dos alunos, mas também a possibilidade do estabelecimento da **relação teoria-prática**.

Seleção dos conteúdos

A seleção do conteúdo deve ser cuidadosa e criteriosa, de modo que possam ser selecionados tanto os conteúdos que contemplem aspectos gerais quanto os específicos em relação ao tema proposto para o curso. Para atender o perfil dos alunos levantado no diagnóstico feito inicialmente, o designer instrucional vai definir o que é prioridade em termos de conteúdo e o que pode ser abordado sem tanta ênfase.

Nesta etapa, além da escolha dos conteúdos, é definida a sequência como os temas são abordados, ou seja, o que será contemplado no texto-base e o que será proposto para os materiais complementares, considerando o que está posto nos objetivos de aprendizagem.

Ao fazer a escolha dos conteúdos, é necessário consultar com frequência os objetivos de aprendizagem que foram definidos para o curso. Os conteúdos em si não dão conta da aprendizagem. É necessário que estejam atrelados aos objetivos, pois, do contrário, os alunos – que serão quem utilizarão o conteúdo – se perderão no meio do caminho. Quando isso acontece, prejudica o processo de aprendizagem dos alunos.

A seleção do conteúdo não antecede a elaboração dos objetivos, como tem sido uma prática à elaboração de muitos cursos por aí afora. É o contrário: a partir dos objetivos de aprendizagem definidos para o curso, são selecionados os conteúdos. Em outras palavras, dizemos que o conteúdo do curso só tem relevância para a aprendizagem dos alunos se for selecionado em função dos objetivos propostos.

Na maioria das instituições de ensino que ofertam cursos a distância, o papel do designer instrucional se altera no que se refere à seleção e elaboração dos conteúdos, pois é o conteudista quem assume essa tarefa. Ou seja, há na equipe do design instrucional um profissional que seleciona o conteúdo e produz o texto-base do curso. Com isso, o designer instrucional participa do processo de seleção e produção do conteúdo apenas dando sugestões quanto ao conteúdo ou indicando ajustes a serem realizados. Assim que o conteudista termina o trabalho de elaboração do conteúdo, envia-o ao designer instrucional para que faça a apreciação do material produzido. É nesse momento que ele faz as sugestões e indica ajustes.

Escolha das estratégias pedagógicas

Esta etapa do planejamento de um curso a distância deve ser elaborada cuidadosamente, pois é por meio das estratégias pedagógicas que os objetivos de aprendizagem são atingidos. É através dessas estratégias utilizadas no ensino que a aprendizagem vai ocorrer. Elas devem ser pensadas, considerando aspectos relevantes que levam à construção do conhecimento do aluno: a criticidade e a criatividade. Assim, quanto mais variadas forem as estratégias pedagógicas em curso a distância, maiores serão as possibilidades para o aluno aprender.

Para a elaboração das estratégias pedagógicas, o designer instrucional tem que se reportar aos conteúdos que foram selecionados anteriormente, aos objetivos definidos para a aprendizagem dos alunos e também ao perfil dos alunos identificado na primeira etapa do planejamento. Na prática, aqui são definidas as atividades de aprendizagem – que devem ser o mais diversificadas possíveis – e os recursos didáticos. A utilização de diferentes estratégias se faz necessária para os diferentes perfis dos alunos, considerando os diferentes estilos de aprendizagem.

A escolha das estratégias pedagógicas deve ser criteriosa, pois são elas que vão dinamizar o ensino sempre tendo em vista a aprendizagem. Dessa forma, quando as estratégias são diversificadas, há maior possibilidade de envolvimento dos alunos

nos estudos, pois eles se sentem mais motivados, interessados em aprender. Em tese, ampliam os caminhos para os alunos aprenderem. Por outro lado, a escolha desordenada de estratégias, sem estabelecer relações com os objetivos elaborados para o curso e os conteúdos que foram selecionados, pode representar prejuízo para a aprendizagem dos alunos.

Quanto mais conhecimentos o designer instrucional tiver a respeito do perfil dos alunos, mais oportunidade ele terá de definir estratégias pedagógicas que possam atender às diferenças individuais dos alunos. Porém, embora seja necessária, essa não é uma tarefa fácil para o designer. Por isso a importância da equipe multidisciplinar do design instrucional, pois é essa equipe que vai auxiliar o designer no momento de criação de curso a distância.

Definição dos instrumentos de avaliação da aprendizagem

Para realizar essa etapa complexa do planejamento de um curso a distância, é importante que o designer instrucional tenha em mente que a avaliação é inerente à aprendizagem, por isso, só tem lógica avaliar se for para contribuir com a melhoria da aprendizagem. Caso seja para punir os alunos, não faz sentido. Quando, por exemplo, os instrumentos selecionados para a avaliação servirem apenas para classificar os alunos, eles não contribuirão para que a aprendizagem se dê de uma forma melhor.

Outro ponto a ser levado em conta ao selecionar os instrumentos de avaliação é que esta seja realizada durante todo o curso e não apenas ao final de uma unidade de ensino ou disciplina. O que se espera dos alunos é que aprendam a partir dos conteúdos selecionados, porém, só é possível saber se os instrumentos de avaliação selecionados mostrarem o progresso dos alunos durante todo o curso, quais seus ganhos em termos de aprendizagem.

O questionamento que se faz é o que o designer vai levar em consideração para selecionar os instrumentos de avaliação.

Ele terá por base todas as etapas anteriores do planejamento do curso. Na prática, ele vai consultar o que diz, no diagnóstico feito inicialmente, o contexto em que o curso está inserido, quem são os alunos de fato; verificar os objetivos de aprendizagem para selecionar os instrumentos de avaliação coerentes com o que se espera que o aluno alcance no curso; rever quais mídias foram selecionadas para facilitar os estudos dos alunos; verificar quais conteúdos foram selecionados (tanto os de maior relevância quanto os complementares); vai, também, consultar as estratégicas pedagógicas selecionadas para dinamizar o ensino para promover a aprendizagem. Tem que haver essa coerência, pensando sempre na qualidade da aprendizagem.

Quando a concepção pedagógica que norteia o curso evidencia a ênfase na construção do conhecimento, as decisões tomadas quanto à escolha dos instrumentos de avaliação vão sempre se voltar para a formação do pensamento crítico do aluno, para a aprendizagem significativa. Por isso, é preciso evitar iniciativas que não priorizem a qualidade da aprendizagem, o desenvolvimento humano.

É importante não esquecer-se de que a definição dos instrumentos de avaliação de um curso a distância pelo designer instrucional deve refletir no entendimento de que o maior desafio da avaliação é intervir no processo de aprendizagem.

PARA SABER MAIS! Para aprofundamento da discussão, leia o texto "Avaliação no design instrucional e qualidade da educação a distância: qual a relação?". Disponível em: <http://www.abed.org.br/revistacientifica/Revista_PDF_Doc/2004_Avaliacao_Design_Instrucional_Qualidade_Educacao_Hermelina_Romiszowski.pdf>. Acesso em: 31 mar. 2015.

Glossário

Animações – São recursos de animação desenvolvidos em diferentes tipos de programação que podem ser utilizados em um material didático de um curso a distância.

Concepção tradicional – Concepção pedagógica que considera o professor como o centro de todo o processo educativo, enfatiza o desenvolvimento intelectual, a memorização dos conteúdos como forma de o aluno se apropriar do conhecimento e a imposição da disciplina necessária para o sucesso da educação.

Estilos de aprendizagem – Forma individual que uma pessoa usa para adquirir conhecimento; modo como o aluno se comporta durante o processo cognitivo.

***Feedbacks* automatizados** – Retorno ou resposta sobre uma determinada atividade utilizando meios automáticos.

Modelo bricolagem – Modelo de design instrucional em que se enfatiza a flexibilidade. Por exemplo, na produção do material didático, há a liberdade de fazer escolhas no processo, de usar *links* que conduzam o aluno a outros textos, de incluir materiais dos alunos.

Personalização – Adaptação de algo às preferências ou às necessidades do usuário, ou seja, em um curso a distância, o ambiente virtual pode ser adaptado, através de alterações que atendam às necessidades dos alunos de um determinado curso.

Protótipo do curso – Resumo do curso, que se apresenta a uma pessoa ou grupo de pessoas com a intenção de aprimorar tal curso antes de ser disponibilizado para o público a ser atendido.

Relação teoria-prática – Unidade entre a teoria e a prática e que é garantida pela simultaneidade e reciprocidade, por exemplo, de uma em relação à outra. Porém, vale salientar que a teoria não controla a prática e a prática não é uma aplicação da teoria.

Validação de material – Espécie de exame que certifica a validade do material didático, ou seja, o material didático é analisado para assegurar que está apto para ser utilizado.

CAPÍTULO 4
O USO DA INTERNET NA EaD

1. Introdução, 72

2. A internet e a educação a distância on-line, 72

3. O que caracteriza a educação a distância via internet?, 73

4. O hipertexto nos cursos a distância, 75

5. A internet e os novos espaços de aprendizagem, 77

6. A educação a distância e os direitos autorais, 86

Glossário, 88

1. Introdução

A internet vem se destacando, gradativamente, na educação desde seu surgimento. Na EaD, vem proporcionando a democratização do ensino ao facilitar acesso aos cursos, mesmo nas regiões mais longínquas do Brasil.

Embora a internet se materialize na convergência de mídias, o que a torna mais rica de possibilidades para o processo ensino-aprendizagem, muitos profissionais da área da educação têm resistido a fazer sua integração na prática pedagógica. Pela relevância da internet em todos os aspectos da vida social, ela se faz necessária à educação – de modo particular, aqui, na EaD. As possibilidades pedagógicas que dela podemos experimentar são fundamentais para dinamizar o ensino com vista a melhorar a aprendizagem. Ou seja, a utilização da internet na EaD é mais do que uma necessidade; é uma condição para a melhoria da oferta dos cursos.

Porém, não podemos deixar de destacar que na oferta de cursos a distância via internet, a preocupação principal das instituições de ensino não deve ser com a ampliação da oferta, mas com a qualidade dos cursos, e isso inclui, principalmente, a qualidade do material didático produzido. Essa preocupação se justifica pelo fato de que é ele que define o modo como os alunos vão aprender a partir dos temas que estão sendo propostos no conteúdo de um determinado curso. Ou seja, a internet favorece a ampliação da EaD, mas se não for cuidadosamente planejado todo o processo educativo e também acompanhado, os resultados esperados para os cursos ofertados podem ser distantes do que se previu. Nesse sentido, não basta pensar apenas na facilidade de acesso aos cursos, quando veiculados pela internet, mas, principalmente, como dinamizar a EaD a partir dos usos que são feitos da internet.

Abordaremos, neste capítulo, a internet e suas ferramentas que potencializam a EaD, destacando a educação a distância on-line; o **hipertexto** enquanto material didático de cursos a distância via internet; alguns recursos da internet que podem favorecer o ensino a distância e deveriam ser mais utilizados na EaD; e, por último, daremos um enfoque à questão dos direitos autorais, por considerarmos uma discussão necessária para os alunos da EaD.

2. A internet e a educação a distância on-line

Um dos principais benefícios que a internet trouxe para a EaD foi a ampliação dos processos de comunicação e de interação entre professor/tutor e alunos, e os alunos entre si.

Há situações em que a comunicação se dá em tempo real (como ocorre nos *chats*); em outras, não, mas a troca é permitida sem trazer prejuízos para a construção do conhecimento dos alunos (como ocorre nos fóruns). Na EaD on-line, são utilizados os ambientes virtuais de aprendizagem para disponibilizar os cursos aos alunos, os quais trazem outra conotação para os cursos a distância.

3. O que caracteriza a educação a distância via internet?

De acordo com Kearsley (2011) nove elementos caracterizam a educação on-line: colaboração, conectividade, foco no aluno, eliminação de fronteiras, senso de comunidade, exploração, conhecimento compartilhado, experiência multissensorial e autenticidade.

A perspectiva de colaboração é uma das principais contribuições que a internet trouxe para a EaD, ou seja, é a possibilidade de aumentar a colaboração entre professor/tutor e alunos. Pela facilidade de interagir quando se encontra on-line, muitas informações poderão ser compartilhadas, mesmo os alunos estando em tempos e lugares diferentes. As atividades colaborativas podem envolver pequenos grupos de alunos ou a turma inteira. Tais atividades são realizadas no ambiente virtual de aprendizagem, mas também podem ser em outros ambientes informais de internet, como a formação de grupos de alunos no Facebook.

Já a conectividade foi um dos grandes ganhos do professor/tutor e dos alunos da EaD, possibilitada pela internet. Dois dos principais recursos que permitem que essa situação ocorra com rapidez é o uso de e-mail e de *chats*. Inclusive os alunos podem ter contato com especialistas de diferentes áreas de conhecimento do mundo inteiro, interagindo com eles, a partir de contato localizado na própria internet.

Nesse contexto, a educação on-line tem seu foco no aluno. A possibilidade de participar de um curso a distância on-line provocou alterações na forma tradicional de ensino, que tradicionalmente foi centrada no professor, passando a focar no aluno. Apesar de o material didático direcionar os estudos e ainda o aluno contar com o apoio do professor/tutor, a maior parte do tempo de estudos, o aluno realiza sozinho. Como na EaD os estudantes são sujeitos adultos, a responsabilidade pela aprendizagem, na maior parte do tempo, é deles.

Outra característica da internet e que beneficiou a EaD é a eliminação de fronteiras de espaço e tempo da aprendizagem. Essa possibilidade faz que as pessoas que vivem nos mais distantes lugares do mundo, com dificuldades adversas, estudem em uma Universidade, por exemplo. Outro grande benefício que a educação a distância on-line trouxe é promover a participação de deficientes físicos ou pessoas acometidas de algum problema de saúde (que não possam se deslocar até a Universidade) nos cursos.

Desse modo, podemos perceber que a internet favorece a formação de comunidades virtuais com interesse comuns. Por exemplo, se uma turma ou um grupo de alunos de uma determinada turma tem interesse por um tema específico, eles criam uma página em um site. As pessoas que têm esse interesse no tema podem participar da comunidade virtual criada. Por exemplo, se um determinado grupo se interessa pelo tema "aprendizagem", ao ser criada uma página na internet com esse tema, as pessoas interessadas podem ser adicionadas para compartilharem dúvidas, ideias, trocarem experiências etc.

Quanto ao elemento exploração proposto por Kearsley para a educação on-line, destacamos que por meio da internet, os alunos da EaD podem desenvolver atividades para explorar um problema, por exemplo. Assim, são propostos para os alunos situações-problema ou estudos de caso para que elaborem uma solução ou apresentem um diagnóstico, utilizando-se de estratégias nas quais o uso de diferentes ferramentas da internet pode contribuir para a solução do problema.

Outro elemento apontado pelo citado autor diz respeito ao conhecimento compartilhado. Com a internet, o compartilhamento do conhecimento aumenta, pois antes, com o livro, a possibilidade de publicação era muito menor. Ou seja, a publicação de informações na internet torna-se acessível a qualquer indivíduo no mundo inteiro desde que se conecte à internet. Sendo assim, essa realidade favorece a realização de pesquisa pelos alunos, dando espaço a eles de terem contato com textos e documentos publicados em sites de universidades do mundo inteiro. Para se apropriar de informações pesquisadas, é preciso se preocupar com a qualidade da informação.

Nos cursos a distância via internet, chamamos a atenção para recursos de multimídia disponíveis, os quais podem favorecer algumas experiências multissensoriais (visuais, de cor, de movimento, de voz etc.) de aprendizagem. Podemos citar como exemplo o uso de vídeo quando um professor da EaD faz uma apresentação ou exposição de um tema de sua disciplina. De certa forma, o aluno passa a ter "contato" com ele, mesmo que seja por uma **videoconferência** em tempo real.

Em relação à autenticidade dos cursos on-line, destacamos que a internet trouxe também a possibilidade de os alunos terem acesso a bancos de dados e a especialistas reais, de determinados assuntos. Além disso, por meio da internet, tanto o professor/tutor quanto os alunos podem acessar grandes repositórios de informação para pesquisa, agências governamentais, entre outros. Outros exemplos de autenticidade na internet são os artigos de periódicos publicados e atas de conferências.

Como podemos perceber, a internet trouxe novas formas de ensino e aprendizagem para a educação a distância.

4. O hipertexto nos cursos a distância

Ao tratarmos da EaD ofertada em ambientes on-line, não poderíamos deixar de nos referir à produção de material didático para cursos desenvolvidos em ambientes virtuais de aprendizagem, ou seja, à produção de hipertexto. Se tomarmos como parâmetro o texto impresso, observaremos algumas diferenças tanto na forma como é produzido um hipertexto quanto como se faz sua leitura.

Inicialmente, queremos destacar que, com o surgimento da internet, novas possibilidades de produção textual vêm surgindo, a exemplo disso temos o hipertexto.

Em termos práticos, o hipertexto é como um texto em que se anexam outros textos, palavras, imagens ou sons, e que podem ser acessados na internet por meio de *links*. Esses *links* aparecem em termos destacados no texto principal, ícones gráficos ou imagens e **interconectam** as informações. Assim, nos cursos a distância on-line, o hipertexto é produzido e disponibilizado para que alunos e professores/tutores façam uso dele.

O hipertexto é caracterizado pela interatividade e pela hipermodalidade. A interatividade é possibilitada por meio de *links* eletrônicos, os quais são essenciais na estrutura do hipertexto. Além de organizar as informações que já existem, o hipertexto exerce influência nessas informações (BURBULES; CALLISTER apud BRAGA, 2010). A hipermodalidade se caracteriza pelo uso combinado, em um mesmo hipertexto de informações disponibilizadas em textos verbais, visuais e sonoros, em prol da construção de significados do hipertexto.

Não se esqueça de que reconhecemos o hipertexto pela presença e utilização de *links* e nós. Os *links* têm por função promover as conexões entre o texto e outros textos, palavras, parágrafos etc. – esses últimos conhecidos como "nós". Ou seja, os *links* remetem aos nós. Metaforicamente falando, o hipertexto seria um mapa, os pontos de referência demarcados seriam os *links* e os nós seriam os outros espaços a que os *links* remetem (CAVALCANTE, 2010).

É importante que o produtor de conteúdo da EaD atente para o uso adequado dos *links*, pois tanto podem possibilitar a compreensão geral do texto como fragmentá-lo de tal forma a prejudicar, principalmente, um leitor que está iniciando o processo de leitura de hipertextos. Portanto, a utilização de *links* é uma grande inovação na produção de textos (os hipertextos).

Na produção de hipertextos pedagógicos, Burbules e Callister (2004, apud BRAGA, 2010) comentam que é preciso levar em conta duas questões bastante relevantes. A primeira enfatiza que, para que todas as informações contidas no hipertexto sejam exploradas, sua construção deve ser complexa, aberta e flexível. Esse tipo de texto atende somente os leitores/alunos que dispõem de conhecimentos prévios na área/disciplina. A segunda se refere aos leitores/alunos que não possuem experiência em leitura de hipertextos e que, para atingir o maior número possível, os hipertextos devem ser simples, intuitivos e acessíveis.

Também, numa perspectiva pedagógica, Correia e Antony (2003) dizem que o hipertexto é um **evento comunicacional**, mas também ele é intertextual e heterogêneo. Para compreendermos o hipertexto sob esse ângulo, veremos os quatro princípios que constituem o hipertexto propostos por esses autores: a não linearidade, a intertextualidade, a interatividade e a heterogeneidade.

Pela perspectiva da não linearidade, o hipertexto não segue uma ordem pré-determinada, ficando para o leitor/usuário/aluno a tarefa de determinar o percurso a seguir, considerando seus propósitos, circunstâncias e as possibilidades de que dispõem. Ao ter contato com o hipertexto, o aluno tem autonomia para tomar suas decisões quanto à realização da leitura, pois pode fazer todo o processo de leitura do hipertexto, ou focar em pontos específicos.

Quanto à intertextualidade (ou multilinearidade) – segundo princípio – no hipertexto, podemos identificar diferentes pontos de vista a respeito do mesmo tema e, da mesma forma, diferentes temas que se conectam em um mesmo suporte material. Assim, aquele que produz um texto tem apoio para sua execução em textos anteriores que teve contato. O leitor/usuário/aluno tem um repertório de textos anteriores que vai apoiá-lo, quando estiver realizando a leitura de um texto específico. Dessa forma, um texto é proveniente de múltiplos pontos de vista e pode seguir, também, por diversos outros pontos de vista. A intertextualidade depende de hipertextos eletrônicos para ocorrer.

Em relação ao terceiro princípio, que é a interatividade, podemos identificar dois tipos no hipertexto: a) uma que escolhe o acesso aos conteúdos e; b) outra que constrói um percurso de sentido. Através do hipertexto, o leitor/usuário/aluno pode escolher, entre os diversos *links*, o trajeto a percorrer, construindo, dessa forma, novas conexões que façam sentido para ele, e que nem sempre fazem sentido para o produtor do hipertexto ou para outros leitores.

Por fim, a heterogeneidade – quarto princípio – possibilita que o hipertexto reúna atos comunicativos linguísticos, gestuais, perceptivos, cognitivos. Nisso, são utilizados vários movimentos, sons, entre outros. Na prática, associa diversas fontes perceptivas. O hipertexto torna possível a **hibridização** entre várias mídias. Esse tipo de texto foge ao convencional ao inserir em sua constituição a hibridação.

O questionamento que se faz é o que o conteudista leva em consideração ao produzir hipertextos para a EaD. Ele deve levar em conta, principalmente, o contexto em que os alunos estão situados e o conhecimento prévio que dispõem do tema a ser abordado. Ao produzir um hipertexto condizente com o perfil dos alunos, adequado às suas necessidades e interesses, contribui para que eles estabeleçam, com muito mais propriedade, relações entre o novo conhecimento e seu conhecimento prévio.

O material didático de cursos on-line é disponibilizado em ambiente virtual de aprendizagem (AVA) e diz respeito ao hipertexto, ou seja, diz respeito às diversas formas de organização das informações. O hipertexto em AVA potencializa a EaD ao poder fazer uso, ao mesmo tempo, de imagens em movimento, arquivos sonoros; poder realizar exercícios interativos; possibilitar ao aluno intervir no material produzido, além de favorecer ao aluno a escolha de alguns caminhos para realizar os estudos, o que se evidenciará na não linearidade do texto.

Reconhecemos que quando um aluno participa pela primeira vez de um curso on-line, lidar com o hipertexto não é uma tarefa fácil, porém com o decorrer do curso, o cenário pode ser alterado. Como também percebemos quando o curso é totalmente on-line, por um lado há flexibilidade da participação do aluno, maior possibilidade de interação, porém; por outro lado, não leva em consideração a realidade daqueles alunos com sérios problemas de internet.

Nesse contexto, é necessário desenvolver um "*web* roteiro" do material didático de forma que seja dinâmico, interativo, a partir da utilização de ferramentas diversas, dispostas no AVA. No entanto, é preciso muito cuidado com o excesso dos recursos de **computação gráfica**, por exemplo, pois pode ocultar a produção de materiais de baixa qualidade.

Embora os hipertextos sejam produzidos para ambientes on-line, faz-se necessário que esse material esteja disponível na forma impressa para os alunos. É verdade que alguns elementos não serão contemplados nos impressos como recursos de animação, vídeos etc. Como podemos ver, o material didático no formato de hipertexto pode ser disponibilizado no formato impresso, mas o contrário não deve acontecer, ou seja, o material impresso não ser disponibilizado no AVA. Para isso, é necessário que o impresso seja adaptado. Procuramos chamar sua atenção quanto a essa situação, porque tem sido uma prática constante de transposição do texto impresso para o ambiente virtual (como se fosse o hipertexto).

5. A internet e os novos espaços de aprendizagem

Nesse cenário em que as tecnologias digitais se atualizam constantemente e outras vão surgindo, a maneira como se ensina e se aprende vai adquirindo outras conotações. A internet trouxe consigo essa possibilidade.

Para a EaD, as contribuições da internet têm sido numerosas, especialmente porque ela transcende o espaço e o tempo de aprender. A facilidade de acesso aos cursos e a oferta variada deles oportunizam a muitas pessoas frequentá-los. O dinamismo de uso da internet na EaD permite que os alunos acessem os cursos quando e onde puderem. Com isso, democratiza-se o ensino. As instituições de ensino passam a ofertar mais cursos, abrindo mais vagas.

Com a internet, as tecnologias de informação e de comunicação (TIC) potencializam a EaD, especialmente com a criação dos AVA que têm favorecido a oferta dos cursos. Um dos grandes benefícios da internet para a EaD é o fato de permitir apresentar materiais didáticos em diferentes formas (multimídia).

Com isso, muitas mudanças no processo ensino-aprendizagem vão se dando, ou seja, a elaboração e desenvolvimento de atividades em cursos a distância oferecidos por meio da internet, os processos e instrumentos de avaliação e as relações entre professor/tutor e alunos se apresentam com novas configurações.

Sabemos que o grande avanço da EaD tem se dado por causa da possibilidade de utilização dos AVA. Porém, não somente eles, mas também é possível dispor de muitos outros recursos disponíveis na internet e que podem ser úteis ao processo ensino-aprendizagem da EaD. Por outro lado, reconhecemos que nem sempre as instituições de ensino que trabalham com a modalidade a distância utilizam sistematicamente esses recursos. O que temos presenciado é que, aos poucos, eles vão se incorporando às práticas de ensino a distância: uns mais; outros menos. Podemos citar como exemplo, as listas de discussões, os *blogs*, as redes sociais digitais, o YouTube, Podcast, e a Webquest.

Lista de discussão

Desde o surgimento da internet, quando a EaD passa a fazer uso dela para ofertar seus cursos, a lista de discussão passou a integrar ações voltadas para o ensino. Assim, sobre os aspectos técnicos dessa ferramenta tecnológica não há mais novidade. Como é gratuita e de fácil utilização, não é difícil encontrá-la na internet. Ou seja, só é necessária a utilização de um endereço de e-mail, por isso é considerada uma ferramenta simples e dinâmica para troca de informações de modo assíncrono.

Gomes (2007) apresenta a lista de discussão como uma ferramenta assíncrona de comunicação, interação e cooperação pela internet. Pode ser utilizada para promover conversas individuais (pessoa-pessoa), não moderadas, ou conversas entre um grupo de participantes (lista de discussão), moderadas ou não.

Como ferramenta pessoa-pessoa, permite o envio de mensagens personalizadas, sendo bastante útil para transmitir repostas de avaliações ou avisos que devam ser dados de forma diferenciada para cada aluno.

A lista de discussão é utilizada para promover o debate de um tema entre os participantes do grupo, como um fórum em que os participantes acompanhem a discussão através do seu e-mail pessoal sem ter de acessar a página do curso. Pode ser moderada, quando um e-mail é redirecionado para os demais participantes depois de aprovado pelo moderador do grupo automaticamente após ser enviado. Muitos participantes preferem essa ferramenta por sua praticidade.

Blogs

É uma ferramenta da internet pela qual se publicam conteúdos de forma gratuita. Qualquer pessoa pode criar um *blog* e publicar textos, imagens, fotos etc. Eles se apresentam como diários digitais permitindo a publicação de notícias, de textos científicos e muitos outros textos.

A origem da palavra "*blog*" vem de *weblog* – "*web*" (internet) e "*log*" (diário) –, significa diário na *web*. Assim, o conteúdo de um *blog* é organizado a partir do momento em que seu autor vai publicando os materiais. Cada mensagem publicada é denominada "*post*", que vai ou não estar disponível para comentários.

Outra característica dos *blogs* é a utilização de *links* nos textos publicados remetendo ao e-mail do autor, ou a outros sites onde os textos originais – publicados no *blog* – estão publicados. Além disso, o uso de *blogs* como mídia comunicativa aglutina em um mesmo espaço diferentes linguagens. Há, também, no *blog* algo que nos chama a atenção, a ordem cronológica inversa das publicações: a anotação mais recente é a primeira que aparece.

Quanto ao uso de *blogs* na EaD, podemos perceber pelas suas características que eles podem ser bastantes úteis como **ferramenta interativa** e colaborativa, a partir do momento que os alunos podem criar, por exemplo, um *blog* da turma para discutir temas complexos do conteúdo do curso, mas também publicar outros textos relacionados, os quais possam ser comentados e remetidos ao material didático do curso que se encontra disponível no AVA. Enquanto instrumento socializador do conhecimento e pelo próprio dinamismo como se apresentam, os *blogs* podem ser bem utilizados na EaD.

Os *blogs* também podem funcionar na EaD como uma espécie de portfólios digitais – denominado *webfólio, blogfólio, e-portfólio* – no ensino superior (mas também na pós-graduação), uma vez que permite que os alunos comentem suas pesquisas, apresentem resumos de textos estudados, reflexões das leituras feitas em uma determinada unidade de ensino. Nesse sentido, eles podem ser utilizados como instrumentos de avaliação de tão detalhadas que podem estar as atividades acadêmicas desenvolvidas (VIEIRA; SILVA, 2014). Além disso, eles podem comentar as dúvidas que surgirem durante o desenvolvimento de uma atividade acadêmica e exporem como se sobressaíram para esclarecer as dúvidas.

Podemos citar como exemplo de atividade a prática do estágio supervisionado em cursos de licenciatura a distância. Ou seja, durante a preparação e execução do estágio, os alunos podem ir publicando todas as atividades que forem desenvolvendo, apontando dificuldades encontradas e soluções para os conflitos, as dúvidas e como buscaram saná-las etc. Os registros do conhecimento adquirido e também a reflexão em torno dos aspectos que podem ser melhorados e colocados no *blog* são úteis como subsídio para avaliar a atuação de cada aluno no estágio.

Os *blogs* oferecem várias opções de atividades, permitindo que os participantes possam produzir criticamente textos diversos, retomando conceitos e práticas. Nesse contexto, os papéis do professor/tutor e dos alunos adquirem nova conotação no processo ensino-aprendizagem da EaD, em que a ênfase pode ser dada na **atividade colaborativa** e participativa. Ou seja, a dinâmica do ensino sai de um eixo diretivo para um participativo – de professor e alunos. É dessa forma que o trabalho pedagógico vai se reinventando. Portanto, ao considerarmos que a comunicação, a socialização e a construção do conhecimento podem ser os traços principais que definem um *blog*, seu uso se torna indispensável na EaD.

Redes sociais digitais

As redes sociais são espaços da internet utilizados para **comunicação aberta**. São exemplos de redes sociais atualmente: Twitter, Facebook, Myspace, LinkedIn, Quepasa (MeetMe), entre outras.

Para Passarelli (2009), as redes sociais permitem tanto comunicações assíncronas como síncronas. Elas nada mais são do que redes que contemplam inúmeras pessoas com o propósito de manter relacionamentos, os mais variados possíveis, para trocar experiências – sejam pessoais ou profissionais –, estreitar laços de amizade, compartilhar conhecimentos científicos, discutir assuntos complexos para desenvolvimento do pensamento crítico, entre outros.

Vamos dar como exemplo a rede social Facebook. Quando os alunos se tornam membros dela, eles dispõem de acesso gratuito para compartilharem fotos, enviar mensagens por meio de espaço reservado, conversar com os membros do grupo por meio de *chat*, fazer publicações, participar de grupos (por exemplo, o grupo da turma), compartilhar ideias em grupos de discussões etc.

Utilizadas intensamente como lazer na vida pessoal, as redes sociais vêm sendo utilizadas como estratégias de ensino tanto na educação presencial quanto na EaD. Pela dinâmica como se realizam, as redes sociais permitem, principalmente, o desenvolvimento de atividades colaborativas, a partir da formação de grupos, com participação de professores/tutores e alunos. Podemos exemplificar como atividade o aprofundamento dos estudos de um conteúdo complexo. Além de realizarem as atividades propostas para o curso disponibilizadas no AVA, outros conteúdos podem ser desenvolvidos pelos alunos em redes sociais.

Essas atividades tanto podem ser propostas pelo professor conteudista ou o professor/tutor, mas também serem sugeridas pelos alunos. Em relação ao professor, sua participação deve ser ativa, no que se refere tanto à formação do grupo (os alunos da turma) quanto à forma como vai orientar a aprendizagem no espaço das redes sociais. Sua participação se dá no incentivo à participação e à colaboração dos alunos nas atividades propostas e que serão publicadas em redes sociais.

Em relação aos alunos, qualquer um deles pode propor a formação do grupo da turma em uma rede social e se reunirem informalmente, para discutir um tema abordado no curso. Eles podem adicionar textos que sejam relevantes para a temática que está sendo abordada no curso, discutirem entre si sobre os textos publicados. Essa é uma excelente abertura para os alunos, pois através do AVA do curso ele não pode anexar outros textos, inserir atividades.

Outro grande benefício do uso de uma rede social pelos alunos de um curso ou turma é o fato de a rede social possibilitar a continuidade do grupo de estudos, mesmo quando o curso é concluído.

Porém, para a inserção das redes sociais enquanto estratégia pedagógica na EaD, é necessário que os professores possam lidar com essa realidade, de forma que possam compreender suas potencialidades enquanto ferramenta tecnológica de comunicação e interação. Assim, buscar publicações de pesquisa que mostram experiências com uso de ferramentas da internet na EaD e, no caso aqui, as redes sociais é estratégia que pode ser útil como potencializadora no ensino a distância.

PARA SABER MAIS! Para aprofundamento da discussão, leia o texto "Redes sociais na educação a distância: uma análise do projeto e-Nova". Disponível em: <http://www.dgz.org.br/abr12/Art_05.htm>. Acesso em: 14 abr. 2015.

YouTube®

O surgimento do YouTube® data do ano 2005. Seu propósito inicial foi apenas disponibilizar uma ferramenta on-line para que qualquer pessoa pudesse publicar suas vídeos de viagem, porém, em pouco tempo, o site ganha outra dimensão.

No YouTube®, qualquer pessoa tanto pode apenas visualizar um determinado vídeo quanto pode também publicá-lo na internet. Nesse caso, quando um vídeo for carregado no YouTube®, pode ser enviado imediatamente e ser visto por qualquer pessoa que acessá-lo, inclusive postando comentários sobre o tema do vídeo através de um *chat* logo abaixo dele. Também permite que as pessoas que o acessem tenham o controle sobre esse acesso, ou seja, é possível parar o vídeo, retroceder e avançar, sempre que for preciso (MATTAR, 2009).

Na educação, o YouTube® passa a ser visto como ferramenta que pode dinamizar o ensino e favorecer a aprendizagem. Por exemplo, o YouTube® EDU contempla vídeos e canais de faculdades e universidades de prestígio de várias partes do mundo.

Um dos recursos mais acessados da internet, o YouTube® pode também ser utilizado na EaD. Sua utilidade se dá não somente para a exibição de tutoriais (sempre necessários à EaD), mas também como material de apoio (para atividades de aprendizagem; exposição de temas; demonstração de exemplos complexos; orientações minuciosas em que a imagem se faz necessária etc.) aos demais materiais didáticos ou, ainda, como um canal de TV educacional.

Assim, o conteudista ao produzir material didático para a EaD pode se utilizar do YouTube®, indicando vídeos que estão disponíveis para aprofundamentos de estudos ou realização de atividades. Ele pode ainda solicitar atividades em que os alunos posam produzir vídeos e publicá-los no YouTube®. Para isso, ele deve indicar *links* de acesso a tutoriais de produção de vídeos e tutoriais que orientem a publicação na internet. Caso o vídeo seja produzido e disponibilizado na internet com o propósito de ser utilizado na EaD como material de apoio, é importante que sejam colocadas algumas orientações para desenvolvimento de atividades a partir dele. No próprio espaço onde o vídeo se encontra disponível, é possível que os alunos exponham comentários a respeito do vídeo ou feitos a partir de direcionamentos propostos no material didático do curso.

O YouTube® também é um recurso propício que se configura como espaço on-line rico de aprendizagem. Através dele, o professor/tutor pode motivar os alunos para a pesquisa, a compartilhar experiências e a realizar trabalhos coletivos.

Podcast

O *podcast* é uma ferramenta colaborativa de aprendizagem, embora não tenha sido criada para fins pedagógicos. Mesmo não sendo uma tecnologia ainda tão utilizada na EaD, ela é necessária principalmente quando se pretende atender os diferentes perfis de alunos com estilos de aprendizagens diferentes. O *podcast* é utilizado como material complementar aos demais materiais didáticos da EaD (impresso, vídeo, hipertexto etc.)

Carvalho, Aguiar e Maciel (2009) propõem quatro tipos de *podcasts*: expositivo/informativo, *feedback*/comentários, instruções/orientações e materiais autênticos.

Em relação ao expositivo, dizemos que esse tipo de *podcast* pode ser feito para apresentar um conteúdo; expor um resumo de um artigo ou de uma obra; apresentar o passo a passo de funcionamento de um equipamento; uma análise de uma obra literária; tratar de conceitos complexos etc. Na EaD, *podcasts* desse tipo se apresentam como estratégia pedagógica fundamental para explicar temas complexos, que somente as leituras no material didático, bem como atividades realizadas podem não ser suficientes. Enfim, todas aquelas atividades que demandam explicações detalhadas, descrições de algo, por exemplo, podem utilizar o *podcast* expositivo.

Quanto ao *podcast* de *feedback*, ele traz comentários a respeito de atividades desenvolvidas pelos alunos, orientações sobre aspectos da atividade em que os alunos precisam melhorar, realçando aqueles desenvolvidos com qualidade. Como recurso pedagógico na EaD, esse tipo de *podcast* pode ser bastante útil para os alunos, especialmente porque ele vai trazer comentários detalhados a respeito das atividades desenvolvidas, que nem sempre as respostas escritas no AVA dão conta. A familiaridade com o áudio pode favorecer o entendimento das explicações dadas pelo professor/tutor, muito mais do que se fosse somente por escrito.

O *podcast* de instruções pode ser elaborado com conteúdos voltados para orientações de estudos, realização de trabalhos práticos, entre outros. Esse tipo de *podcast* é necessário na EaD, principalmente por que se lida, com frequência, com guias de estudo, tutoriais, orientações detalhadas de atividades etc.

E os *podcast* de materiais autênticos são aqueles direcionados não necessariamente para os alunos, mas para o público em geral, como as entrevistas de rádios, os anúncios publicitários etc. Porém, em cursos a distância, esse tipo de *podcast* pode ser bastante útil para auxiliar o desenvolvimento das atividades de aprendizagem. Por exemplo, uma entrevista que foi gravada apenas com áudio (sem vídeo) pode ser explorada numa atividade de um determinado curso.

Como podemos perceber, o *podcast* pode ser um recurso didático complementar aos demais materiais didáticos da EaD, principalmente porque pode ser utilizado pelos alunos com diferentes ritmos de aprendizagem, uma vez que ele pode ser ouvido quantas vezes for necessário. Além disso, pela facilidade de manuseio pelos alunos, podem favorecer os momentos de estudo, quando estiverem em lugares em que a leitura de textos escritos ou de hipertextos não seja possível.

Outra possibilidade de uso do *podcast* na EaD é a de o professor solicitar dos alunos uma atividade dentro do tema que está sendo estudado no curso de uma produção de *podcast*. Assim, para gravar o *podcast*, o professor pode sugerir a utilização do *software* de edição de áudio denominado Audacity, uma vez que é gratuito e se encontra disponível na internet. Ou também pode orientar os alunos a utilizarem o gravador de áudio disponível em computadores com sistema operacional Windows (CASTRO; CONDE; PAIXÃO, 2014). Nas duas situações, o professor conteudista deve indicar *links* de acesso a tutoriais. Além disso, para a produção de um *podcast*, os alunos vão precisar apenas de um computador (com microfone) e conexão à internet. Ou seja, além de produzirem o *podcast*, os alunos podem publicar o arquivo de áudio produzido, o qual poderá ser visto em qualquer lugar do mundo.

Freire (2013) apresenta como potenciais do *podcast* na EaD o material em áudio em EaD ou material complementar; recurso adequado a conteúdos complexos; apresenta baixo custo; representa expressão de vozes excluídas; aspecto lúdico; quebra de centralidade em materiais escritos; usado também pela coordenação.

A partir dos aspectos apontados por Freire, queremos destacar que os conteudistas ou o designer instrucional deveriam incluir com mais frequência o uso de *podcast* na EaD, mesmo que fosse como material complementar, pois seu uso só tem sido feito, com mais ênfase, em cursos de língua estrangeira. Assim, a possibilidade de utilizá-lo para fazer que os alunos compreendam com mais facilidade os temas mais difíceis de serem compreendidos é algo que precisa ser revisto ao se produzir material didático para a EaD, até porque sua produção não exige custos altos. Considerando que na EaD não existe relação face a face, o *podcast* pode contribuir para aproximar o sujeito que ensina e os sujeitos que aprendem. Além do mais, é agradável o ato do ouvir, de repetir o áudio, de entender como o tema está sendo abordado por meio do áudio. Assim, o uso de *podcast*, pelo próprio recurso do áudio, representa uma variação do material didático da EaD, que ainda é fortemente marcado pelo impresso. Enfim, até mesmo a coordenação pode usar o recurso de *podcast* para dinamizar sua atuação em curso a distância.

Pelas próprias características do *podcast*, é necessário que ele seja mais utilizado como estratégia pedagógica na EaD. Assim, quanto mais diversificados forem os materiais didáticos, mais oportunidades os alunos têm para aprender.

> *PARA SABER MAIS! Para aprofundamento da discussão, leia o texto "Recomendações para produção de* podcasts *e vantagens na utilização em ambientes virtuais de aprendizagem". Disponível em: <http://revistas.ua.pt/index.php/prismacom/article/viewFile/662/pdf>. Acesso em: 13 abr. 2015.*

WebQuest

A *WebQuest* fundamenta-se na aprendizagem cooperativa e colaborativa e tem como atividade principal o desenvolvimento de investigação, principalmente quando usa recursos da internet. Ou seja, busca fazer uso educacional de recursos da internet, de maneira simples e fácil.

A metodologia *WebQuest* foi desenvolvida pelo professor Bernie Dodge, da San Diego State University, da Califórnia (EUA), em 1995, cujo objetivo foi usar a internet de forma criativa. Ele comenta que pesquisar na internet abre uma possibilidade rica para a construção do conhecimento, tornando-a um espaço interativo, de possibilidades valiosas para promover a aprendizagem (CARDOSO; BORGES, 2013). Na essência, uma *WebQuest* é uma atividade de pesquisa orientada, em que um grupo de alunos irá desenvolver sua pesquisa de forma colaborativa.

De acordo com Abar e Barbosa (2008), Dodge organizou a metodologia da *WebQuest* em sete tópicos, a saber: introdução, tarefa, processo, recursos, avaliação, conclusão e créditos.

No primeiro tópico – introdução – o assunto é apresentado de forma breve e também são apresentadas questões que vão conduzir a investigação. Ou seja, esse é o momento de chamar a atenção dos alunos em relação ao tema a ser discutido.

O segundo tópico diz respeito à tarefa a ser proposta aos alunos, a qual deve ser desafiante a ponto de se sentirem motivados a elaborar um produto cuja característica principal seja a criatividade.

No tópico denominado processo, detalha-se o passo a passo para os alunos desenvolverem a tarefa. Concomitante ao processo, temos os recursos que contêm todas as informações que possibilitam a realização da tarefa. Por exemplo, os sites que serão pesquisados.

Já a avaliação mostra como a tarefa vai ser avaliada e quais pontos indicam que foi finalizada com sucesso. A avaliação deve estar em consonância com os objetivos que foram propostos para o *WebQuest*. Aqui, é recomendado o uso de **rubrica**.

A conclusão aponta, em linhas gerais, o que foi aprendido pelos alunos e como eles podem continuar a investigar dentro do tema em questão.

Por fim, são colocados os créditos dos autores da *WebQuest*, da instituição de ensino, fontes de textos utilizados ou ilustrações, data de elaboração e outras informações que achar necessário.

Para elaborar uma *WebQuest*, é necessário realizar seu planejamento, em que se define o conteúdo e elabora-se um roteiro. Outra etapa da *WebQuest* é a formatação que é feita em um gabarito. Por último, publica-se a *WebQuest* na internet para que as pessoas tenham acesso.

Na EaD, a *WebQuest* potencializa a aprendizagem. Sendo assim, o conteudista pode propor atividades que contemplem a elaboração de uma *WebQuest* a partir de um tema abordado no curso. A escolha desse tema pode se dar em função de sua complexidade de forma que possa promover a compreensão dos alunos em relação a tal tema. Além de ser uma atividade colaborativa, a *WebQuest* favorece a exploração da criatividade e da criticidade dos alunos. Caso no material didático de determinado curso não seja solicitada a elaboração de uma *WebQuest*, o professor/tutor poderá propô-la aos alunos, se houver tempo para a realização.

> *PARA SABER MAIS! Para aprofundamento da discussão, leia o texto "A WebQuest na EaD: rompendo a barreira do isolamento em cursos na modalidade a distância". Disponível em: <http://repositorium.sdum.uminho.pt/handle/1822/15056>. Acesso em: 11 abr. 2015.*

6. A educação a distância e os direitos autorais

Ao discutirmos a produção de material didático para cursos a distância e, especificamente, no que se refere à questão do uso da internet na EaD, não poderíamos deixar de abordar um tema importante para esse contexto: os direitos autorais. Ou seja, quando se trata de produções escritas, nas quais utilizamos trechos de textos, fotos, músicas, ilustrações cuja autoria não é nossa, mas de outros autores, é necessário certificarmos de que essas obras estão protegidas intelectualmente. Assim, ao constatar a proteção, é preciso solicitar a autorização. Há situações em que é necessário o pagamento de uma taxa pela autorização.

O que é importante saber sobre os direitos autorais? É possível fazer cópia de uma obra de qualquer autor?

É possível fazer cópia/reproduzir somente com autorização do autor, porém, é possível fazer uso de suas ideias, conceitos, métodos dando os créditos, sempre, ao autor. Não se pode reproduzir uma obra que não seja pública.

Segundo Kischelewski (s/d), no Brasil, os direitos autorais estão regulamentados pela Constituição Federal de 1988, pela Lei nº 9.609/1998, que trata da propriedade intelectual de *softwares*, e pela Lei nº 9.610/1998, que regula os direitos do autor e daqueles que lhe são conexos.

Por isso, os alunos da EaD precisam ter muito cuidado ao produzir seus trabalhos e o conteúdo, ao elaborar os materiais didáticos da EaD, para não incidirem no plágio. Sendo assim, é possível, por exemplo, nos trabalhos acadêmicos fazer citações, tanto diretas quanto indiretas, de trechos de outros textos, desde que se registrem as fontes, dando crédito ao autor. Queremos chamar sua atenção para o plágio, principalmente por causa de sua banalidade. A apropriação indevida de uma obra, além de ser um desrespeito para com o seu autor, também é crime.

Os direitos autorais são estendidos da mesma forma aos textos que são publicados na internet. Por isso, ao utilizar, em seu texto, trechos de outro texto publicado na internet, é preciso que o aluno informe, principalmente, o nome do autor, o título do texto, o site em que se encontra disponível e a data em que o texto foi acessado pelo aluno (KISCHELEWSKI, s/d). Apesar do acesso fácil de uma infinidade de textos, imagens ou ilustrações, os direitos em relação à autoria devem ser respeitados. Isso significa, na prática, que em nenhuma circunstância se deve cultivar o hábito do "copiar" e "colar".

Sendo assim, as instituições de ensino que lidam com cursos a distância (que é o nosso foco aqui) precisam atentar para essa questão tão polêmica, tanto no que se refere aos materiais que são produzidos para o curso, mas também como agem seus alunos em relação a tal problemática. Muitas vezes, não é dada a atenção devida a essa questão. É errôneo imaginar que tudo que é publicado na internet é de domínio público. Ao contrário disso, as publicações na rede estão protegidas pelos direitos autorais.

O recomendado em qualquer situação de uso de obra de outro autor é citar a fonte, independentemente de o conteúdo ser um trecho de um texto – impresso ou da internet –, o uso de um vídeo, a letra de uma música, uma imagem, uma charge, entre outros. É importante buscar sempre saber se a obra é de domínio público ou não.

PARA SABER MAIS! Para aprofundamento da discussão, leia o texto "Estratégias e políticas para gestão de direitos autorais em educação a distância". Disponível em: <http://www.abed.org.br/congresso2010/cd/252010000302.pdf>. Acesso em: 11 abr. 2015.

Glossário

Atividade colaborativa – Atividade elaborada para ser resolvida em grupo, promovendo a troca de ideias e a construção do conhecimento.

Computação gráfica – Área da computação que compete à criação de imagens, em geral. Possui uma infinidade de aplicações para diversas áreas.

Comunicação aberta – Comunicação livre, como as que verificamos nas redes sociais.

Evento comunicacional – Diz respeito ao hipertexto e que se realiza em diferentes esferas da comunicação (a educação é uma delas) e não se limita apenas ao meio eletrônico, mas, também, a outras formas de produzir e organizar o conhecimento (músicas, poesias, quadro etc.).

Ferramenta interativa – Ferramenta da internet que, usada no processo ensino-aprendizagem, pode contribuir para facilitar a aprendizagem.

Hibridização – Essa palavra quer dizer que o hipertexto contempla uma mistura de várias mídias (texto, imagem, vídeo, áudio etc.).

Hipertexto – É o termo que remete a um texto, ao qual se agregam outros conjuntos de informação na forma de blocos de textos, palavras, imagens ou sons, cujo acesso se dá através de referências específicas; no meio digital são denominadas *hiperlinks*, ou simplesmente *links*.

Interconectam – É a conexão entre dois pontos.

Rubrica – É um instrumento de avaliação formativa.

Videoconferência – Tecnologia que permite a comunicação entre um grupo, mas também a comunicação pessoa a pessoa.

Referências bibliográficas

ABAR, C. A. A. P.; BARBOSA, L. M. *Webquest um desafio para o professor*: uma solução inteligente para o uso da internet. São Paulo: Avercamp, 2008.

ALVARENGA, G.M.; ARAÚJO, Z. R. *Portfólio: conceitos básicos e indicações para utilização*. Estudos em Avaliação Educacional, v. 17, n. 33, jan./abr. 2006. Disponível em: <http://www.fcc.org.br/pesquisa/publicacoes/eae/arquivos/1281/1281. pdf>. Acesso: 27 mar. 2015.

ALVARIÑO, C. *A formação de professores a distância via Internet*. In: TEDESCO, J. C. *Educação e Novas Tecnologias*: esperança ou incerteza? Trad. C. Berliner; S. C. Leite. São Paulo: Cortez, 2004. p.165-182.

ASSIS, A. W. R.; SILVA, L. C. *O wiki como ferramenta colaborativa em EaD*. 2013. Disponível em: <http://ueadsl.textolivre.pro.br/2013.1/papers/upload/52.pdf>. Acesso em: 25 mar. 2015.

BAKHTIN, M. M. *Estética da criação verbal*. 4. ed. Trad. Paulo Bezerra. São Paulo: Martins Fontes, 2003.

BANDEIRA, D. *Material didático*: conceito, classificação geral e aspectos da elaboração. In: CIFFONE, H. (Org.). *Curso de Materiais didáticos para smartphone e tablet*. Curitiba: IESDE, 2009, p. 13-33. Disponível em: <http://www2.videolivraria.com. br/pdfs/24136.pdf>. Acesso em: 18 mar. 2015.

BRAGA, B. B. A comunicação interativa em ambientes hipermídia: as vantagens da hipermodalidade para o aprendizado no meio digital. In: MARCUSCHI, L. A.; XAVIER, A. C. *Hipertexto e gêneros digitais*: novas formas de construção de sentido. 3. ed. São Paulo: Cortez, 2010.

CARDOSO, E. B.; BORGES, E. M. *Webquest*: uma análise desta metodologia na socialização e construção do conhecimento no ensino a distância. Disponível em: <http://www.ufjf.br/grupoeducco/files/2013/05/Poster-UFV2-1.doc-olga.pdf: Acesso: 11 abr. 2015.

CARVALHO, A. A.; AGUIAR, C.; MACIEL, R. *Taxionomia de podcasts*: da criação à utilização em contexto educativo. 2009. Disponível em: <http://repositorium. sdum.uminho.pt/bitstream/1822/10032/1/Carvalho%20et%20al- 009-Taxonomia-Enc%20sobre%20Pocasts.pdf>. Acesso em: 12 abr. 2015.

CASTRO, L. H. P.; CONDE, I. B.; PAIXÃO, G. C. *Podcasts exploratórios e colaborativos*: oralizando conhecimentos em um curso de graduação a distância. 2014. Disponível em: <http://tecnologiasnaeducacao.pro.br/wp content/uploads/2014/12/Podcasts-explorat%C3%B3rios-e-colaborativos_-oralizando-conhecimentos-num-curso-de-gradua%C3%A7%C3%A3o-a-dist%C3%A2ncia.pdf>. Acesso em: 9 abr. 2015.

CAVALCANTE, M. C. B. Mapeamento e produção de sentido: os links no hipertexto. In: MARCUSCHI, L. A.; XAVIER, A. C. *Hipertexto e gêneros digitais:* novas formas de construção de sentido. 3 ed. São Paulo: Cortez, 2010.

CHAQUIME, L. P.; FIGUEIREDO, A. P. S. O papel do designer instrucional na elaboração de cursos de educação a distância: exercitando conhecimentos e relatando a experiência. ESUD 2013 – X Congresso Brasileiro de Ensino Superior a distância Belém/PA, 11-13 de junho de 2013 – UNIREDE. Disponível em: <http://www.aedi.ufpa.br/esud/trabalhos/poster/AT2/114065.pdf>. Acesso em: 2 abr. 2015.

CLEMENTINO, A. *O papel do planejamento pedagógico no design instrucional de um curso a distância.* Disponível em: <http://www.abed.org.br/congresso2012/anais/199c.pdf>. Acesso em: 4 abr. 2015.

CORREIA, A. A.; ANTONY, G. Educação Hipertextual: diversidade e interação como materiais didáticos. In: FIORENTINI, L. M. R.; MORAES, R. A. (Org.). *Linguagens e interatividade na Educação a Distância.* Rio de Janeiro: DP&A, 2003.

DIAS, C. M.; RODRIGUES, L. M.; RODRIGUES, P. A. A. Analisando o modelo de design instrucional de um curso de pós-graduação oferecido na modalidade. In: ESUD 2014 – XI Congresso Brasileiro de Ensino Superior a distância. Florianópolis/SC, 5-8 de agosto DE 2014 – UNIREDE. Disponível em: <http://esud2014.nute.ufsc.br/anais-esud2014/files/pdf/128172.pdf>. Acesso em: 1º abr. 2015.

FERNANDEZ, C. T. Os métodos de preparação de material impresso para EAD. In: LITTO, F.; FORMIGA, M. M. M. (Org.). *Educação a Distância:* o estado da arte. São Paulo: Pearson Education do Brasil. 2008.

FILATRO A. *Design Instrucional na prática.* São Paulo: Pearson Education do Brasil, 2008.

FIORENTINI, L. M. R. A Perspectiva Dialógica nos Textos Educativos Escritos. In: FIORENTINI, L. M. R. & MORAES, R. A. (Orgs). *Linguagens e interatividade na educação a distância.* Rio de Janeiro: DP&A, 2003.

FIORENTINI, L. M. R.; RODRIGUES, M. A. M. (Org.). *Educação Superior a Distância:* Comunidade de Trabalho e Aprendizagem em Rede (CTAR). Brasília: Universidade de Brasília, Faculdade de Educação, 2009.

FRANCO, M. A. M. Elaboração de material impresso: conceitos e propostas. In: CORRÊA, J. (Org.) *Educação a Distância:* orientações metodológicas. Porto Alegre: Artmed, 2007.

FREIRE, E. P. A. *Potenciais de uso do podcast em EaD.* V Seminário Internacional de Educação a Distância. 2 a 4 de 2013. UFMG. Disponível em: <https://www.ufmg.br/ead/seminario/anais/pdf/Eixo_4.pdf>. Acesso em: 10 abr. 2015.

GOMES, T. S. L. Desenvolvimento de ambientes virtuais: novos desafio. In: CORRÊA, J. (Org.) *Educação a Distância*: orientações metodológicas. Porto Alegre: Artmed, 2007.

KEARSLEY, G. *Educação on-line*: aprendendo e ensinando. Trad. M. C. Silva. São Paulo: Cengage Learning, 2011.

KISCHELEWSKI, F. L. N. *Entenda o direito autoral*. Positivo Informática S. A. Disponível em: <http://www.aprendebrasil.com.br/pesquisa/swf/DireitoAutoral.pdf>. Acesso em: 11 abr. 2015.

MATTAR, J. *YouTube na Educação*: o uso de vídeos em EAD, 2009. Disponível em: <http://www.abed.org.br/congresso2009/CD trabalhos/2462009190733.pdf>. Acesso em: 11 abr. 2015.

MOORE, M.; KEARSLEY, G. *Educação a Distância:* uma visão integrada. Trad. R. Galman. São Paulo: Thomson Learning, 2007.

MOREIRA, M. G. A. A composição e o funcionamento da equipe de produção. In: LITTO, F.; FORMIGA, M. M. M. (org.). *Educação a distância:* o estado da arte. São Paulo: Pearson Education do Brasil. 2008.

MOREIRA, M. A. *Los médios y las tecnologias en la educación*. Madrid: Pirâmide, 2004.

PASSARELLI, B. A Aprendizagem on-line por meio de comunidades virtuais de aprendizagem. In: LITTO, F. M.; FORMIGA, M. M. M. *Educação a Distância, o estado da arte*. São Paulo: Pearson Education do Brasil, 2009.

PETERS, O. *Didática do Ensino a Distância:* experiências e estágio da discussão numa visão internacional. Trad. I. Kayser. São Leopoldo: Unisinos, 2006.

POSSOLLI, G. E.; CURY, P. Q. Reflexões sobre a elaboração de materiais didáticos para Educação a Distância no Brasil. In: IX Congresso Nacional de Educação – EDUCERE. III Encontro Sul Brasileiro de Psicopedagogia. 2009. PUCPR. Disponível em: <http://www.pucpr.br/eventos/educere/educere2009/anais/pdf/2558_1546.pdf>. Acesso em: 28 jul. 2012.

PRETI, O. *Produção de material didático impresso:* orientações técnicas e pedagógicas. Cuiabá, MT: EduUFMT, 2010.

RAMOS, W. M; MEDEIROS, L. A Universidade Aberta do Brasil: desafios da construção do ensino e aprendizagem em ambientes virtuais. In: SOUZA, A. M.; FIORENTINI, L. M. R.; RODRIGUES, M. A. M. (Org.). *Educação Superior a Distância:* Comunidade de Trabalho e Aprendizagem em Rede (CTAR). Brasília: Universidade de Brasília, Faculdade de Educação, 2009.

SILVA, I. M. M. Elaboração de materiais didáticos impressos para Educação a Distância. *Eutomia. Revista Online de Literatura e Linguística.* ano 4, v. 1. Julho/2011. Disponível em: <http://www.revistaeutomia.com.br/volumes/Ano4-Volume1/linguistica/LINGIMARTINS.pdf>. Acesso em: 7 ago. 2012

SILVA, M. Criar e Professorar um curso online: relato de experiências. In: SILVA, M. (Org.). *Educação on-line:* teorias, práticas legislação, formação corporativa. São Paulo: Edições Loyola, 2003. p. 51-74.

SOLETIC, A. A produção de materiais escritos nos programas de Educação a Distância: Problemas e Desafios. In: LITWIN, E. (Org.). *Educação a Distância:* temas para o debate de uma agenda educativa. Porto alegre: Artmed, 2001. p. 73-92.

VAL, M. G. C. *Redação e textualidade.* São Paulo: Martins Fontes, 1997.

VIEIRA, E. R.; SILVA, R. S. *Blogs, webfolios e a educação a distância (EaD)*: contribuições para a aprendizagem. 2014. Disponível em: <http://www.abed.org.br/hotsite/20-ciaed/pt/anais/pdf/273.pdf>. Acesso em: 10 abr. 2015.

Impressão e Acabamento

Bartira

Gráfica

(011) 4393-2911